Warren Buffett

워런 버핏,
부는 나눠야
행복해져

내가 꿈꾸는 사람 _ 투자가

Warren Buffett
워런 버핏,
부는 나눠야
행복해져

초판 1쇄 2014년 1월 13일
초판 4쇄 2022년 5월 25일

지은이 이상건

책임 편집 김현경
마케팅 강백산, 강지연
표지디자인 권석연
본문디자인 유민경
일러스트 난나
사진제공 연합포토, 위키피디아

펴낸이 이재일
펴낸곳 토토북
주소 04034 서울시 마포구 양화로11길 18 3층 (서교동, 원오빌딩)
전화 02-332-6255
팩스 02-332-6286
홈페이지 www.totobook.com
전자우편 totobooks@hanmail.net
출판등록 2002년 5월 30일 제10-2394호
ISBN 978-89-6496-176-6 44990

내가 **꿈꾸는 사람** _ 투자가

Warren Buffett

워런 버핏, 부는 나눠야 행복해져

글 이상건

티
ᄆ

워런 버핏처럼 멋진 부자가 되기를

함께 점심 식사하는 데 40억 원을 내야 하는 사람, 세계에서 투자를 가장 잘하는 사람, 매년 그의 얼굴을 보려고 각지에서 수만 명이 찾아오는 사람, 세계에서 세 번째로 손꼽히는 엄청난 부자이면서 자기 재산의 99%를 기부한 사람. 과연 이 사람은 누구일까요?

그 주인공은 바로 '투자의 귀재', '오마하의 현인'이라 불리는 워런 버핏이에요. 그의 말 한 마디 한 마디는 곧바로 뉴스가 되어서 전 세계로 퍼져 나가죠. 투자가로서 워런 버핏처럼 큰 관심을 받은 사람은 일찍이 없었어요. 하지만 단순히 돈을 많이 벌었기 때문이라면 지금처럼 많은 사람에게 존경받지 못했을 거예요.

워런 버핏은 어려서부터 자신이 좋아하는 일인 '투자'에만 몰두했고, 그 노력의 결과로 큰돈을 벌었어요. 그렇게 번 돈 대부분을 더 나은 세상이 되기를 꿈꾸며 사회에 기부했고요. 돈을 버는 과정에서 누구보다 정직했고, 엄격하게 도덕을 지켰어요. 어떤 부당한 행동도 하지 않았답니다. 바로 이 점이 그를 깨끗한 부자, 나눔을 실천하는 부자로 칭송하며 존경하는 이유예요.

사실 돈은 그 자체로는 아무런 가치가 없어요. 돈에 가치를 두는 것은 사람이에요. 옛 어른들은 "돈이 사람을 살리기도 하고 죽이기도 한다"고 했어요. 이 말은 돈이 실제 사람을 죽이거나 살린다는 의미가 아니라, 제대로 벌고 써야 한다는 뜻이랍니다. 워런 버핏의 인생은 어떻게 돈을 벌고 써야 하는지 보여주는 살아 있는 모범이에요.

돈은 산소에 비유할 수 있지요. 산소가 없으면 숨을 쉴 수 없듯, 돈이 없으면 우리는 하루도 살아가기 어려워요. 책을 사거나 머리를 자르거나 지하철을 타려 해도 돈이 필요하죠. 돈만큼 일상생활과 가까이 있는 것도 없을 거예요. 우리가 돈을 버는 행위인 '투자'에 대해서 알아야 하는 이유가 여기에 있어요.

하지만 투자에만 주목해서 워런 버핏의 삶을 바라보면 중요한 것을 놓치게 돼요. 그는 자신이 좋아하는 일에 평생토록 전념했어요. 여러분이 좋아하는 일이나 분야가 있다면 워런 버핏처럼 집중력을 갖고 몰입해보세요. 자신의 꿈을 이루기 위해서는 집중력과 노력이 절대적으로 필요하답니다.

그리고 워런 버핏은 엄청난 읽기광이에요. 신문과 책, 관련 자료를 매일매일 쉬지 않고 읽어요. 독서는 자신의 꿈으로 가는 가장 빠른 길이라는 사실을 그의 삶이 보여주지요. 투자 분야뿐 아니라, 꿈을 이룬 사람들은 대부분 '읽기'에 푹 빠져 있었어요. 독서를 하면서 끊임없이 생각하고 사색했기 때문에 인생을 성공적으로 개척해간 거예요.

워런 버핏은 인생에서 좋은 스승을 만나야 한다고 강조해요. 자신은 운 좋게 좋은 스승을 만나 이 자리까지 왔다고 겸손하게 말하죠. 그는 여러분에게 좋은 스승이 될 수 있는 훌륭한 자격을 갖춘 사람이에요. 이 책을 읽은 여러분이 그를 스승으로 삼아 수많은 '한국의 워런 버핏'이 되기를 진심으로 바라요. 워런 버핏처럼 깨끗하게 돈을 벌고, 그 돈을 더 나은 사회를 위해 많은 사람과 나누는 멋진 부자가 많아졌으면 좋겠어요. 그 주인공은 바로 여러분이에요.

이상건

3

Warren Buffett

부자로 죽는 건 부끄러운 일이야
나눔을 실천하며 살아가기

4

Warren Buffett

워런 버핏처럼 투자가를 꿈꾼다면
투자가 진로&직업 탐구

사랑하는 것에 더욱 집중하기

세상에서

숫자가 제일좋아

애야, 돈 모으는 재미에 푹 빠졌구나

"내가 부자가 될 수 있었던 이유는
미국에서 좋은 유전자를 갖고 태어났다는 것과
복리 덕분이었다."

워런 버핏

어린 시절, 버핏이 가장 좋아하는 건 숫자였어요. 그러다 보니 돈의 세계에 푹 빠졌고, 놀랍게도 여섯 살 때 껌을 팔아 처음 돈을 벌었답니다. 주식 중개인이었던 아버지의 영향으로 주식에 관심을 갖게 되면서 열두 살에 주식 거래를 시작했고요. 버핏은 이 첫 번째 투자에서 세 가지 교훈을 얻었어요. 평생 잊지 않았던 이 세 가지 교훈은 무엇이었을까요?

세계를 놀라게 한 최고의 기부가

2006년 6월 25일. 텔레비전을 보던 전 세계 사람들은 깜짝 놀랐어요. 자기 재산의 85퍼센트인 374억 달러약 41조 원를 기부하겠다는 사람이 나타났기 때문이에요. 더 놀라운 사실은, 자기 이름을 딴 기부 재단이 아니라 마이크로소프트를 창업한 컴퓨터 황제 빌 게이츠의 '빌&멀린다 게이츠 재단'에 기부하겠다고 발표했다는 거예요. 보통 큰돈을 번 사람은 자기 이름을 붙인 재단을 만들어서 기부하거든요. 그런데 이 사람은 자기보다 스물다섯 살이나 어린 빌 게이츠의 재단에 기부하기로 한 거예요. 이게 끝이 아니에요.

"만약 기부하고 남은 돈이 있다면, 모두 자선 사업에 사용하겠습니다."

한 마디로 수십조 원의 재산을 한 푼도 남기지 않고 전부 기부하겠다는 뜻이에요. 이렇게 전 세계인을 충격에서 감동으로 몰아넣은 주인공은 바로 '세계 최고의 투자가'라 불리는 워런 버핏이랍니다.

버핏의 기부 금액은 앤드루 카네기Andrew Carnegie의 기부 금액에 버금가는 액수예요. 위대한 자선 사업가로 유명한 철강왕 말이에요. 철강 사업으로 많은 돈을 번 카네기는 1000억 달러약 110조 원가 넘는 재산을 기부했어요. 카네기는 자신이 쓴 책 『부의 복음Gospel of Wealth』에서 이렇게 말한 적이 있답니다.

"부자의 인생은 두 시기로 나뉜다. 전반부는 재산을 쌓는 시기 이고, 후반부는 재산을 분배하는 시기이다."

카네기는 생을 마감할 때까지 평생 번 돈의 90퍼센트를 사회에 환원했어요. 일에서 손을 뗀 뒤 자신이 한 말을 지키며 살았던 거 예요.

복리야, 고마워!

버핏은 지금도 활발하게 투자가로 일하고 있어요. 평생 자신이 좋아하는 일을 하다 보니 세계 최고의 투자가가 됐고, 번 돈을 다 시 사회에 기부하면서 세계 최고의 기부가가 된 거예요. 기부하겠 다는 약속을 굳건히 하기 위해서 '기부 서약서'를 직접 쓰기도 했 어요. 그 기부 서약서에는 버핏이 부자가 된 비결도 나오지요.

"내가 부자가 될 수 있었던 이유는 미국에서 좋은 유전자를 갖 고 태어났다는 것과 복리 덕분이었다."

여기서 '좋은 유전자'는 재능과 노력을 의미하고, '복리複利. 이자에 이자가 붙는 것'는 돈 버는 방법을 뜻해요. 노력 없는 재능은 꽃을 피울 수 없는 씨앗에 불과하잖아요. 재능이라는 씨앗에 노력이라는 물 과 거름을 주어야 아름다운 꽃을 피울 수 있으니까요. 버핏은 아주 어렸을 때부터 돈을 벌기 위해서 수많은 노력을 기울였고, 결국 그 꽃을 피웠어요.

복리는 돈이 불어나는 방법이에요. 복리는 높은 곳에서 굴리는 눈덩이snowball와 같아요. 처음에는 크기가 작지만 점점 굴러가다가 나중에는 몇 배로 커지거든요. 버핏은 항상 자기가 부자가 된 비결은 복리라고 말했어요. 자서전 제목을 '스노볼'이라고 지을 정도로요. 버핏은 여섯 살 적부터 돈을 벌었는데, 그때부터 지금까지 계속해서 스노볼을 굴리고 있어요. 정말 대단하죠?

공부보다 숫자가 좋아

어린 시절, 버핏이 가장 좋아했던 건 '숫자'였어요. 유치원에 들어갈 때부터 버핏을 사로잡은 건 오로지 숫자였지요. 여섯 살이 되면서는 시간을 초 단위로 정확히 재는 놀이에 푹 빠져들었어요. 가장 갖고 싶은 물건은 다름 아닌 초시계였고요. 하지만 항상 근검절약하는 버핏의 어머니 레알라는 초시계를 절대 사주지 않았어요.

"초시계는 꼭 필요한 물건이 아니잖아. 다른 장난감을 갖고 놀면 안 되겠니?"

어머니는 옷도 늘 할인할 때만 샀기 때문에 마음에 들지 않아도 그냥 입고 다녀야 했어요. 그때부터 버핏은 손에 넣고 싶은 것이 생기면 평생의 정신적 후원자였던 앨리스 고모를 찾았답니다. 하지만 앨리스 고모는 항상 조건을 붙이고서야 물건을 사주곤 했어요.

"아스파라거스를 꼭 먹어야 해. 그래야 사줄 거란다."

버핏은 어려서부터 지금까지 변함없이 콜라와 햄버거를 가장 좋아해요. 아스파라거스 같은 채소는 좋아하지 않지요.

버핏은 때와 장소를 가리지 않고 숫자만 생각했어요. 교회에 가서도 그랬어요. 목사님의 설교를 듣는 것은 좋았지만 다른 일은 지루하기 짝이 없었으니까요.

'시간이 너무 안 간다. 뭐 재미있는 놀이 없을까.'

버핏이 한참 궁리한 끝에 생각해낸 놀이는 바로 찬송가를 작곡한 사람들의 생애를 계산하는 거였어요. 사람들의 생애는 사망연도에서 출생연도를 빼면 금방 나왔고, 연도는 찬송가집에 들어 있었지요. 버핏은 열심히 계산하면서 속으로 생각했어요.

'신앙심이 깊은 사람은 하나님의 뜻에 따라 살 테니까 그렇지 않은 사람보다 더 오래 살았겠지?'

그런데 계산하고 보니 사실이 아니었어요. 어린 버핏은 신앙심과 오래 사는 것에는 아무런 관련이 없다는 걸 알고 크게 놀랐어요.

초등학교에 들어가서도 숫자는 버핏의 관심을 독차지했어요.

친구들과 매일 신나게 숫자와 관련된 놀이를 하면서 지냈지요. 오후가 되면 친구 밥 러셀의 집 앞에 앉아서 지나가는 자동차를 몇 시간씩 바라보며 자동차 번호판을 공책에 적었답니다. 부모님들은 두 아이의 이런 모습을 보고 처음에는 이상하다고 생각했어요. 하지만 워낙 숫자를 좋아하니 그럴 수도 있겠다고 그냥 내버려두었어요. 부모님도 버핏이 숫자를 얼마나 좋아하는지 알고 있었거든요.

버핏은 단순히 숫자만 적는 게 아니라, 자동차 번호판에 적힌 문자와 숫자의 빈도수를 계산하는 걸 좋아했어요. 그러다 날이 어두워지면 밥과 함께 집으로 돌아와 신문을 펼쳤어요. 왜냐고요? 기사에 나오는 단어의 빈도수를 계산해서 어떤 단어가 얼마나 많이 사용됐는지 스크랩북에 기록하기 위해서예요.

숫자 계산도 좋아했지만 물건 모으는 일도 무척 좋아했어요. 버핏은 우표와 동전을 열심히 모으는 열혈 수집가였답니다. 아홉 살 때는 병뚜껑 모으기에 푹 빠져서 병뚜껑을 찾아 길거리를 헤맸어요. 동네에 있는 술집이란 술집은 모두 돌아다니면서 병뚜껑을 수집했지요. 집의 지하실에 버핏이 모은 병뚜껑이 가득할 정도로요.

"애야, 병뚜껑 좀 그만 가져와라."

부모님은 골치가 아팠어요. 그는 다른 사람들은 거들떠보지도 않는 병뚜껑에 매료됐던 거예요. 버핏은 저녁을 먹고 나면 부리나

케 거실에 신문지를 펼쳐놓고, 그날 수집한 병뚜껑을 종류별로 분류했어요. 그러고는 세고 세고 또 세었어요. 병뚜껑을 세면서 펩시콜라가 잘 팔리는지 다른 음료수가 잘 팔리는지도 분석했답니다. 아홉 살이라는 어린 나이에 말이에요. 병뚜껑을 분류하고도 시간이 남으면 다른 수집품인 우표와 동전을 세면서 보냈어요.

하지만 숫자와 관련되지 않은 것들은 따분함 그 자체였어요. 특히 학교 수업이 그랬지요. 초등학교 4학년 때는 수업 시간이 따분해서 친구와 몰래 숫자 게임을 했어요. 대부분의 수업이 지루했지만 그래도 버핏이 좋아하는 과목은 있었어요. 철자 맞추기만큼은 열광적으로 좋아했거든요. 선생님이 칠판에 내는 계산 문제도 좋아하는 것 중 하나였어요. 정해진 시간 안에 풀어야 하는 덧셈, 뺄셈, 곱셈, 나눗셈 문제를 보면 흥분이 돼서 견딜 수가 없었고요.

초등학교 5학년 때는 세계 모든 도시의 인구수가 실린 『세계 연감』이라는 책에 깊이 빠져 들었어요. 이 책은 금세 버핏이 가장 좋아하는 책이 되었고, 세계 주요 도시의 인구수를 모조리 외워버렸지요. 친구 밥이 도시 이름을 외치면 그 도시의 인구수를 정확히 말할 정도로요.

"와 진짜 대단하다! 어떻게 그걸 다 외워?"

밥은 숫자 하나도 틀리지 않고 척척 대답하는 버핏이 신기하기만 했어요. 그러다 하루는 다른 친구들과 인구 100만 명이 넘는 도시를 누가 많이 대는지 시합을 벌였지요. 결과는 예상이 되죠? 책을 통째로 외워버린 버핏을 이길 친구는 없었어요.

몽땅 다 분석해버릴 거야

어느 날, 버핏에게 숫자보다 더 중요한 일이 생겼어요. 처음으로 숫자는 눈에 들어오지도 않았지요. 병뚜껑이고 우표고 동전이고 모두 다요. 『세계 연감』도 마찬가지고요. 심하게 배가 아파서 바닥을 데굴데굴 굴렀거든요. 급하게 병원에 갔더니 급성 맹장염이라는 거예요. 의사 선생님은 수술을 받아야 한다고 했어요. 수술을 받고 처음에는 너무 아팠는데, 차츰 시간이 지나자 간호사 누나들의 간호를 받으며 병원에서 안락하게 지내게 됐어요.

병원에서도 버핏은 또 새로운 놀이를 만들었어요. 병원이라고 가만히 있을 버핏이 아니지요. 앨리스 고모가 사준 장난감 지문 채취기가 큰 즐거움을 주었어요. 드디어 숫자가 아닌 다른 대상에 관심을 가지게 된 거예요. 버핏은 병실을 찾아오는 간호사 누나들을 설득해서 손가락에 잉크를 묻혀 지문을 채취했어요. 퇴원한 뒤에도 이 지문들을 버리지 않았고요. 가족은 이런 행동을 마냥 신기하게 바라봤지만, 버핏은 나름의 심각한 이유가 있었답니다.

'만약 간호사 누나들 중 누군가가 범죄를 저지르면 오로지 나만

범인을 알 수 있을 거야.'

버핏은 조사하고 분석하는 걸 무척 좋아했는데, 지문 채취도 그 중 하나였던 셈이에요. 이런 기질 때문에 그는 나중에 자신이 투자가가 되지 않았다면 신문 기자가 됐을 거라고 했지요. 기자가 기사를 쓰려면 많은 사람을 만나 이야기를 듣고 자료를 분석해야 하거든요. 실제로 버핏은 어른이 되어서 기사를 쓸 수 있는 기회를 스스로 만들기도 했어요. 그리고 신문사를 여러 개 인수해 미국에서 가장 많은 신문사를 소유한 사람이 된답니다.

좋아하는 건 모두 외워버려야지

스포츠 중에서 숫자와 확률이 가장 많이 나오는 종목은 뭘까요? 바로 야구예요. 그러니 숫자와 확률을 좋아하는 버핏이 야구를 좋아하지 않았을 리 없답니다. 그가 처음으로 야구장에 간 건 아홉 살 때였어요. 병원에서 퇴원하고 며칠이 지났을 무렵이었지요.

"건강하게 집에 왔으니까 우리 야구 보러 갈까?"

할아버지는 버핏을 데리고 시카고 컵스와 브루클린 다저스_{지금은 LA 다저스}의 경기를 보러 갔어요.

이날 경기는 무려 연장전까지 가는 혈투를 벌이며 19회까지 승부를 펼쳤어요. 결국 날이 너무 어두워져서 경기를 계속하지 못했는데, 점수는 9대9. 야구를 보고 온 버핏에게 아버지 하워드는 야구 경기 정보를 담은 25센트짜리 책을 사주었어요. 버핏은 역시나 이 책을 달달 외웠고요. 버핏은 훗날 이때를 회상하며 말했어요.

"나에게 가장 귀중한 책이었지요. 그 책에 있는 모든 내용을 하나도 틀리지 않고 다 말할 수 있었어요. 자면서도 줄줄 외울 정도였으니까요."

여섯 살 꼬마 장사꾼

숫자와 더불어 버핏이 푹 빠진 대상은 '돈'이었어요. 버핏이 처음 돈을 번 건 놀랍게도 여섯 살 때였답니다. 믿어지나요? 이때부터 그는 줄곧 무언가를 팔아서 돈을 벌었어요. 처음 판매한 건 껌이었지요. 버핏의 집안은 대대로 미국 네브래스카 주의 작은 도시 오마하에서 '버핏 앤드 선'이라는 식료품점을 운영했어요. 가게 이름은 '버핏과 아들'이란 뜻이에요. 1969년에 문을 닫을 때까지 100년 동안 버핏 집안 사람들은 이 식료품점에서 일을 했지요.

"할아버지, 부탁이 있어요. 저한테 껌을 파세요."

"어디에 쓰려고 그러니?"

여섯 살 꼬마 버핏은 할아버지에게 껌을 사서 저녁마다 이웃집을 돌아다니며 팔았답니다. 신통방통하게도 껌 한 상자를 팔면

2달러가 이익으로 남았지요. 버핏을 부자로 만든 눈덩이의 첫 눈꽃송이가 바로 껌을 팔아 모은 돈이었어요. 모든 것은 껌에서 시작된 셈이에요.

그런데 껌 팔기는 그리 돈이 많이 남는 장사가 아니어서, 버핏은 이익을 더 내는 코카콜라를 팔고 싶었어요. 그리고 결국 여름날 밤에 집집마다 돌아다니면서 코카콜라를 팔기 시작했지요. 심지어 가족과 함께 호숫가로 여행을 가서도 피서객에게 코카콜라를 판매했을 정도예요.

여섯 병을 팔면 5센트의 이익이 남았어요. 여섯 개가 한 묶음인 코카콜라를 25센트에 사서 병당 5센트씩 낱개로 팔았기 때문이에요. 20퍼센트의 수익을 남긴 거죠. 버핏이 평생 유지한 '투자 수익률 20퍼센트'라는 기준은 이때 만들어졌어요.

다른 동네 꼬마들은 신 나게 놀기 바빴지만, 버핏은 할아버지 가게에서 코카콜라를 가져다 집집마다 돌아다니며 파는 일에 재미를 붙였어요. 하루하루 번 돈을 동전 보관기에 자랑스럽게 채워 넣었지요. 동전 보관기는 버핏이 좋아하는 장난감 중 하나였거든요. 그러다 열 살 때부터는 주력 상품을 코카콜라에서 펩시콜라로 바꿨어요.

'펩시콜라 용량은 360밀리리터, 코카콜라 용량은 180밀리리터……. 그런데 가격이 똑같잖아? 펩시콜라로 바꿔야겠어.'

같은 값으로 더 많은 용량을 주는 펩시콜라가 더 경쟁력이 있다고 봤던 거예요. 열 살짜리가 이런 생각을 하다니 대단하죠?

펩시콜라를 판 이후부터 버핏은 줄곧 펩시콜라만 마셨답니다. 그러다가 쉰여덟 살에 코카콜라 주식을 산 이후부터 지금까지 계속 코카콜라에서 나오는 체리 코크만 마시고 있어요. 버핏은 한 가지에 몰입하면 한동안 그것만 계속하는데, 음료수를 마실 때도 예외가 아니에요. 커피와 술은 입에도 대지 않고 체리 코크만 마시지요. 아이스크림도 좋아하는데, 자신이 투자한 회사의 제품만 애용하는 걸로 유명해요. 가족이나 주위 사람들에게 보석을 선물할 때도 투자한 보석 회사의 제품만 고른답니다.

어려서부터 모았던 우표와 동전, 병뚜껑을 여전히 수집했지만, 돈을 벌기 시작한 뒤 버핏의 최고 수집품은 다름 아닌 '돈'이었어요. 돈을 모으기 시작한 뒤부터는 돈이 들어오고 나가는 현금 출납 내용을 작은 밤색 수첩에 기록하기 시작했지요. 일종의 '장부'를 쓴 셈이에요. 코카콜라를 팔면서 일자리도 얻었어요. 오마하 대학교 미식축구팀이 시합하는 경기장에서 땅콩과 팝콘을 파는 일이었어요. 버핏은 스탠드를 누비고 다니면서 힘껏 외쳤답니다.

"땅콩이나 팝콘! 5센트! 1센트 다섯 개! 땅콩과 팝콘이 왔어요!"

증권 거래소에서 꿈을 찾다

식료품점을 운영하는 집안의 영향으로 껌과 코카콜라를 팔면서 돈을 벌기 시작했지만, 버핏의 관심을 끄는 것이 또 하나 있었어요. 버핏이 가장 좋아하는 일이자 평생 직업으로 삼게 되는 일, 바로 '주식'이지요. 버핏의 아버지는 주식 중개인이었어요. 주식을 사는 사람과 파는 사람을 연결해주고 수수료를 받는 회사를 경영했답니다. 자연스럽게 아버지 회사를 기웃거리면서 주식에 관심을 갖게 된 거예요.

읽기광이었던 버핏은 아버지의 사무실 책장에 꽂혀 있는 책과 잡지에 눈길을 돌렸지요. 미국에서 가장 유명한 투자 잡지《배런스》의 〈트레이더The Trader〉라는 칼럼과 책을 읽어나가기 시작했어요. 주식을 거래하는 중개 회사의 객장에 나가 주식 가격이 변하는 모습을 넋을 잃고 바라보곤 했고요.

아버지는 아이들이 열 살이 되면 기념으로 여행을 했는데, 버핏에게 열 살 기념 여행은 아주 뜻깊었답니다.

"아빠, 정말 가보고 싶은 곳이 있어요. 증권 거래소요!"

증권 거래소는 주식을 거래하는 장소예요. 주식 중개인으로 일하던 아버지는 버핏을 데리고 뉴욕 증권 거래소를 방문했어요. 버핏은 증권 거래소에서 주가가 오르내리고 사람들이 돈을 벌고 잃는 과정을 보면서 주식 시장에 완전히 매료됐어요.

'그래, 나도 이런 일을 할 거야.'

그 순간 버핏은 자신이 미래에 해야 할 일을 찾았고, 평생 마음에 품고 살았어요. 그는 자신이 돈을 원한다는 걸 분명히 알았고, 그 길이 주식에 있다는 사실을 겨우 열 살의 나이에 확신했던 거예요.

두고 봐, 정말 백만장자가 될 테니까

뉴욕에서 돌아온 뒤 버핏은 도서관에 갔다가 마음에 드는 책한 권을 발견했어요. 제목을 보는 순간 꺼내들지 않을 수 없었지요. 『1000달러를 버는 1000가지 방법』이었답니다. 버핏은 이 책이 너무 좋아서 여러 번 반복해서 읽었어요. 염소 젖을 짜는 사업, 인형 병원을 운영하는 사업 같은 게 실려 있었거든요. 어린 버핏이 할 수 있는 일들은 아니었지만요. 그 중 마음을 사로잡은 건 '체중계'였어요.

'나한테 체중계가 있다면 하루에 쉰 번씩 몸무게를 잴 거야.'

버핏은 자기가 생각하는 것처럼 다른 사람들도 체중계에 돈을 쓸 거라고 여겼어요. 무엇보다 체중계를 보면서 머리가 확 밝아지는 느낌을 받은 이유는 바로 이자에 이자가 붙는 복리를 발견했기 때문이에요. 나중에 버핏은 그때의 발견을 이렇게 회상하지요.

"체중계는 이해하기 쉬웠어요. 우선 체중계를 하나 사고, 이익이 생기면 그 이익을 체중계를 사들이는 데 계속 투자합니다. 머지않아 체중계 스무 개를 가지게 되겠지요. 그런데도 모든 사람은 계속 하루에 쉰 번씩 자기 체중을 잴 거고요. 여기가 바로 돈이 있는 곳이구나! 복리, 그보다 더 좋은 건 있을 수 없습니다."

복리, 돈의 눈덩이 효과. 처음에는 적은 금액이지만 계속 굴리면 나중에 엄청난 재산이 될 수 있다는 걸 비로소 깨달은 거죠. 열한 살의 버핏은 친구 스튜 에릭슨의 집 현관에 앉아 미래를 선언했어요.

"나는 서른다섯 살에 백만장자가 될 거야!"

아직 24년이나 남아 있었지만 버핏은 단 한 번도 자신이 백만장자가 되지 못할 거라고 생각하지 않았어요. 실제로 그 선언은 허풍이 아닌 현실이 됐고요. 버핏은 자기는 백만장자가 될 거라는 이야기를 자주 하고 다녔어요. 열세 살 무렵에는 아버지 동업자의 부인인 메리 포크에게도 이야기했지요.

"저는 서른이 되기 전에 백만장자가 될 거예요. 만일 제가 백만장자가 되지 못하면, 오마하에서 제일 높은 건물에 올라가서 뛰어내릴게요."

그는 이렇게 자신만만하게 호언장담했답니다.

첫 주식 거래의 세 가지 교훈

버핏은 열두 살 때 이미 종잣돈 120달러약 13만 원를 가지고 있었어요. 여섯 살 때부터 고이고이 모은 돈이지요. 이제야 주식에 투자할 돈이 마련된 거예요. 버핏은 누나 도리스와 함께 각자 세 주씩 '시티즈 서비스'라는 회사의 주식을 샀어요. 이 주식을 산 이유는 간단해요. 아버지가 고객에게 추천한 종목이었기 때문이에요. 그런데 주가는 금세 27달러로 떨어지고 말았습니다.

"우리가 산 주식 괜찮을까?"

어느 날 누나가 걱정스럽게 물었어요. 주가가 떨어지면서 손해가 나자 버핏은 끔찍할 정도로 무거운 책임감을 느꼈어요. 그래서 주가가 다시 올라 40달러에 이르자마자 마음의 부담을 떨쳐내기 위해서 얼른 주식을 팔았어요. 결국 누나와 버핏은 각각 5달러씩을 벌었지요.

하지만 이 투자는 절반의 성공만 거둔 셈이 되어버렸어요. 주식이 계속 올라서 나중에는 202달러까지 갔거든요. 버핏은 이 첫 번째 주식 거래에서 인생의 교훈 세 가지를 얻었어요. 그리고 평생이 교훈을 잊지 않았답니다.

첫째, 주식에 투자한 돈에 지나치게 집착하지 마라. 둘째, 작은 이익만 생각하지 마라. 주식을 더 오래 가지고 있었으면 더 큰 수익을 낼 수 있었는데, 작은 이익을 보고 너무 일찍 팔아버린 거죠. 셋째, 다른 사람의 돈으로 투자할 때는 확신이 없으면 절대 하지 마라. 주식을 사자마자 주가가 떨어져서 누나가 불안해하는 것을 보면서 얻은 교훈이에요.

주식에 대해 얼마나 알고 있나요?

여러분은 피자 좋아하나요? 친구들과 함께 돈을 모아 피자 한 판을 사면서 자기가 낸 돈만큼만 피자를 먹기로 했다고 생각해보세요. 피자는 보통 여덟 조각이니까 두 조각에 해당하는 돈을 낸 친구는 두 조각을 먹을 수 있어요.

주식도 마찬가지예요. '미래'라는 회사가 있다고 생각해보세요. 이 회사의 총 주식 수는 1000주이고, 한 주의 가격은 5000원이에요. 200주를 가지려면 얼

뉴욕 증권 거래소

마가 있어야 할까요? 100만 원5000원×200주이 필요해요.

주식에 투자한다는 건 회사의 조각을 사는 것을 의미해요. 조각을 많이 가지면 가질수록 회사에 대한 영향력은 커진답니다. 그런데 주식 가격은 정해져 있는 게 아니라 매일매일 변해요. 주식이 거래되는 시장에서 사겠다는 사람이 많아지면 가격이 오를 것이고, 팔고자 하는 사람이 많아지면 가격은 떨어지겠지요. 매일 주식이 거래되면서 주식의 가격인 '주가'가 결정돼요.

주가는 길게 보면 그 회사가 돈을 얼마나 많이 버는지에 따라 결정되지요. '미래'라는 회사가 올해 장사가 잘돼서 200만 원을 벌고, 다음 해에는 상품이 큰 히트를 쳐서 500만 원을 벌게 되면, 주가는 계속 오를 가능성이 높답니다.

투자의 귀재 버핏은 돈을 잘 버는 기업을 찾아 그 주식을 사서 오랜 기간 보유하는 방법으로 세계적인 부자가 되었어요. 그런데 돈을 잘 버는 기업을 찾는 것도 중요하지만 또 한 가지 생각해야 할 점이 있어요.

회사의 가치는 회사가 가지고 있는 현금이나 부동산, 브랜드 이미지, 경쟁 회사보다 뛰어난 경영자 등 여러 요소로 결정돼요. 버핏은 자신만의 기준으로 기업의 가치를 분석한 뒤 주식이 그보다 싼 가격에 거래될 때 주식을 사들였어요. 그래서 버핏은 이렇게 말하곤 했답니다.

"모든 요소를 고려했을 때 주식이 그 기업의 가치보다 싸다고 생각될 때만 주식을 사야 합니다."

복리가 도대체 뭐예요?

먼저, 인디언 이야기를 해볼까요? 1626년 미국 원주민인디언은 백인 이주자들에게 맨해튼을 팔았어요. 땅값은 24달러에 해당하는 장신구와 구슬이었지요. 맨해튼은 오늘날 세계에서 가장 비싼 땅값을 자랑하는 뉴욕에서도 중심부에 위치한 곳이에요. 이런 땅을 24달러라는 터무니없는 가격에, 그것도 장신구와 구슬을 받고 팔았다니 얼마나 바보 같은 짓이었을까요? 이 거래를 두고 후세 사람들은 인디언의 어리석음을 비웃었어요. 정말 인디언은 어리석은 거래를 한 걸까요?

그런데 이 거래를 두고 인디언이 '남는 장사'를 했다고 이야기하는 사람이 있답니다. 전설적인 펀드매니저로 인정받는 피터 린치가 그 주인공이에요. 펀드매니저란 여러 사람에게 돈을 모아 펀드기금를 만들어 운용하는 사람이에요. 펀드매니저가 투자를 잘하면 투자한 사람들은 돈을 벌고, 반대의 경우에는 돈을 잃게 돼요.

린치는 13년간 펀드를 운용하면서 27배의 수익률을 기록했어요. 만일 린치에게 1억 원을 맡겼다면 원금 빼고 27억 원을 벌었을 거예요. 이 기록은 아직도 전설로 남아 있어요. 투자의 달인인 린치는 왜 인디언의 거래를 남는 장사라고 주장했을까요?

그 이유는 바로 복리에 있어요. 린치는 1988년을 기준으로 계산을 해보았어요. 인디언이 맨해튼을 판 1626년부터 1988년까지 24달러를 연 8퍼센트의 복리로 굴렸다고 하면, 그 돈이 무려 30조 달러로 불어난다는 계산이 나와요.

1988년 맨해튼의 땅값 총액은 562억 달러였고요. 24달러를 복리로 360여 년 간 굴리면 1988년 시점의 땅값보다 530배나 많은 거예요. 린치는 인디언의 거 래를 통해서 사람들에게 복리의 위력을 보여주고자 했답니다.

세계 9대 불가사의!

$$\frac{72}{\text{이율 \%}} = \text{# 당신의 돈이 두배가 되는 기간!}$$

아인슈타인이 발견한 '72의 법칙'

아인슈타인도 놀란 복리의 마법

복리는 부자가 되는 마법의 공식이에요. 상대성 이론을 발견한 위대한 물리학자 아인슈타인은 복리를 "세계 9대 불가사의 중 하나"라고 말했어요. 복리란 이자에 이자가 붙는 것을 말해요. 만일 100만 원을 1년 동안 6퍼센트로 굴리면, 1년 뒤에 106만 원으로 불어나 있을 거예요. 2년 뒤에는 106만 원이 다시 원금이 되어서 112만 3600원으로 늘어나요. 계속 이런 식으로 늘어나는 것을 두고, 복리는 기하급수적으로 증가한다고 표현해요.

반면 단리는 원금에만 이자가 붙는 방식이에요. 1년차에도 106만 원, 2년차에도 106만 원이 되는 식이지요. 처음에는 매우 적은 차이처럼 보이지만, 시간이 흐를수록 엄청난 차이를 낳는답니다. 버핏은 어린 시절부터 복리의 이런 위력을 알고 있었고, 부자가 되는 비결은 복리 효과를 최대한 활용하는 거라고 생각했어요. 그래서 돈을 벌면 쓰지 않고 다시 투자하는 방식으로 복리라는 눈덩이를 굴렸어요.

여러분도 쉽게 복리 계산을 할 수 있어요. '72의 법칙'을 활용하면 된답니다.

72 ÷ 복리 이율 = (원금이 두 배가 되는) 기간

만일 내가 6퍼센트의 복리 이율을 올린다면, 내 돈이 언제 두 배가 될 것인가를 쉽게 계산할 수 있어요. 72를 6으로 나누면 돼요. 그럼 12가 나오죠? 그러니까 6퍼센트의 복리로 굴릴 경우, 내 돈은 12년 뒤에 원금의 두 배로 늘어나요.

사업이
제일 쉬웠어요

"안녕하세요. 저는 중서부 지역에 소작농이 농사를 짓는
농장을 소유한 고등학생입니다."

워런 버핏

밝고 온화하던 버핏은 미운 짓만 골라하는 반항아로 변했어요. 아버지가
하원 의원에 당선되면서 친구 하나 없는 워싱턴으로 가야 했거든요. 우울
한 마음을 달래려고 새벽마다 신문을 돌리던 버핏은 어엿한 사업가가 된
답니다. 핀볼 기계 사업이 대박 난 거예요! 그리고 선거에서 떨어진 아버
지를 따라 다시 고향으로 돌아갑니다. 그토록 그리워하던 오마하로요.

평생 좋아한 신문

버핏이 회장으로 있는 투자 회사 '버크서 해서웨이Berkshire Hatha-way'는 코카콜라, P&G, 아메리칸 익스프레스 같은 수많은 회사에 투자하고 있어요. 그 중 중요한 투자 대상이 바로 신문사예요. 미국에서 가장 큰 신문사인 《워싱턴 포스트》를 포함해 여러 신문사의 주식을 소유하고 있지요.

버핏은 왜 신문사 주식을 좋아하게 됐을까요? 물론 신문사 주식이 투자 가치가 높기 때문일 거예요. 그런데 또 다른 이유가 있어요. 신문이야말로 버핏이 좋아하는 것 중 하나이고, 청소년 시절 그의 지갑을 두둑하게 만들어주었기 때문이에요.

버핏이 신문 배달과 인연을 맺은 곳은 사랑하는 고향 오마하를 떠나 미국의 수도인 워싱턴으로 이사를 가면서예요. 아버지가 하원 의원에 당선됐거든요. 아버지는 주식 중개인이었지만 돈보다는 정치에 관심이 많았어요.

버핏이 열두 살 되던 해, 네브래스카 주 두 번째 지역구 공화당원들은 여당인 민주당에 맞설 마땅한 후보를 찾지 못하고 있었어요. 당시 미국 대통령은 루스벨트였지요. 루스벨트 대통령은 국민에게 인기가 높았고, 경쟁 상대인 민주당의 하원 의원이 워낙 강력한 인물이어서 선거에 승산이 없었어요. 공화당 후보로 누가 나가든 떨어질 게 분명해서 아무도 후보로 나가려 하지 않았지요. 그래서 아버지가 공화당 후보로 나서게 된 거예요. 가족들은 아버지의 선거를 돕기 위해 밤낮없이 백방으로 뛰어다녔어요.

'이렇게 열심히 해도 결국 떨어지시겠지…….'

가족들은 서로 말은 하지 않았지만 속으로는 선거에서 질 거라고 생각했지요. 버핏도 마찬가지였어요. 아버지는 선거 결과가 나오기도 전에 선거 패배에 승복한다는 연설문까지 써놓았을 정도예요. 그런데 뜻밖의 일이 벌어졌어요! 예상을 뒤집고 아버지가 하원 의원에 당선된 거예요. 가족들은 곧바로 국회 의사당이 있는 워싱턴으로 이사를 가야 했어요.

하루도 쉬지 않고 신문 돌리는 소년

버핏은 사랑하는 고향을 떠나기 싫었어요. 자기가 좋아하는 것에는 엄청나게 몰입하지만 변화는 반기지 않는 성격이었거든요. 선거 직후 가족사진을 찍을 때도 버핏의 표정은 얼음처럼 딱딱하게 굳어 있었답니다.

워싱턴에 있는 학교로 전학했지만 전혀 신이 나지 않았어요. 빵집에서 일도 해봤지만 재미가 없었지요. 밤에 잠도 잘 오지 않고요. 어린 버핏은 향수병에 걸렸어요. 결국 견디다 못해 할아버지에게 눈물의 편지를 썼어요. 버핏의 슬픈 마음을 헤아린 할아버지는 부모님에게 편지를 써주었답니다.

"버핏을 이리로 보내야겠다. 너희가 내 손자를 아주 망가뜨리고 있구나."

부모님은 어쩔 수 없이 몇 달 동안만이라는 조건을 붙여 오마하로 가는 걸 허락했어요. 할아버지와 함께 살게 된 버핏은 식료품점에서 일을 해야 했지요. 평소 근검절약과 노동의 가치를 믿었던 할아버지는 버핏에게 온갖 허드렛일을 시켰어요.

그 중 가장 힘든 일은 밤새 내린 눈을 치우는 거였어요. 친구 존 페스칼과 함께 30센티미터나 쌓인 눈을 다섯 시간에 걸쳐 치웠지요. 어찌나 힘이 들었는지 삽질이 다 끝난 뒤에는 팔을 뻗을 수조차 없었어요.

버핏은 열심히 일을 했으니 할아버지가 일한 대가를 넉넉히 주실 거라고 생각했어요. 그런데 뭐든 아끼는 할아버지가 이러시는 게 아니겠어요?

"보자…… 얼마를 주면 되려나? 10센트는 너무 적은 것 같고, 1달러는 너무 많지?"

버핏은 할아버지의 말을 듣고 말문이 막혀서 친구와 서로 얼굴만 바라봤어요.

그 후 다시 부모님이 사는 워싱턴으로 돌아온 버핏은 아버지를 따라 국회 의사당을 구경했어요. 계속 일자리를 구하다가 골프장 캐디 일을 얻었는데 적성에 맞지 않았지요. 몸으로 하는 일에는 젬병이었거든요. 운동을 잘하는 편이 아니었고, 육체노동을 좋아하지 않았어요. 할아버지 식료품점에서의 경험과 캐디 일을 통해 육체노동은 자신에게 맞지 않는다는 걸 알게 됐어요. 버핏은 적성에 맞는 일을 하고 싶었답니다.

그때 눈에 들어온 게 신문 배달이에요. 어려서부터 신문을 가까이 했거든요. 버핏 집안 사람들은 식사 시간에도 정치, 경제 등 신문에 나오는 이야기를 자주 하는 분위기여서 자연스레 신문과 가까워질 수 있었어요. 버핏도 뉴스를 아주 좋아했던 터라 신문 배달이 무척이나 마음에 들었지요. 학교도 재미없고 워싱턴에 친구도 없는 버핏에게는 가장 신 나는 일이 신문 배달이었답니다.

아침마다 《워싱턴 포스트》를 하루도 쉬지 않고 돌렸어요. 심지어 크리스마스 휴일에도 일을 했어요. 몸이 아파서 배달을 할 수 없을 때는 어머니가 대신해주었지요. 하지만 돈 관리는 절대 어머니에게 맡기지 않았어요. 나중에는 저녁 신문까지 돌렸고요. 신문을 배달하고 돈을 버는 것만이 유일한 즐거움이었어요.

이유 있는 반항아, 가출하다

학교 생활은 마음에 들지 않았어요. 마음속 저 깊은 곳에서부터 이유 없는 반항심과 분노가 치밀어 올랐어요. 고향 오마하에 있던 유쾌하고 밝은 버핏의 모습은 온데간데없이 사라지고 미운 짓만 골라하는 아이로 변해갔어요.

수업 시간에도 딴짓만 했어요. 선생님이 뭐라고 하든 아예 신경도 쓰지 않았지요. 선생님이 이야기를 하고 있는데도 친구와 체스를 둘 만큼이요. 주식과 관련된 차트를 가지고 가서 딴생각을 할 때가 많았답니다. 또 어떤 시간에는 골프공을 쪼개기도 했는데, 거기서 이상한 액체가 튀어나와 교실 천장까지 튀기도 했어요.

마침내 반항기 가득한 버핏은 친구들과 함께 가출을 감행했습니다. 워싱턴을 떠나 펜실베이니아 주의 허시로 가자고 친구 두 명을 꼬드겼어요.

"거기 가면 유명한 골프장에서 캐디 일을 할 수 있어."

달콤한 속삭임에 솔깃한 친구들은 버핏을 따라 나섰어요. 아무런 준비도 없이 지나가는 차를 잡아 타고 과감하게 집을 나온 거예요. 허시에 도착해서는 호텔에 묵기로 했지요. 그런데 벨보이가 신고하는 바람에 고속도로 순찰 대원에 이끌려 순찰대 본부까지 가게 됐어요. 어린아이 세 명이 호텔에 묵는 것을 이상하게 여긴 거죠. 버핏과 친구들은 부모님의 허락을 받았다는 거짓말을 하고 간신히 빠져 나왔어요.

순찰대 본부를 나와서 길을 걷다가 어렵게 트럭 한 대를 얻어 탔어요. 아이들은 서서히 겁이 나기 시작했어요. 집을 나설 때는 용기가 가득했지만, 막상 나와 보니 무서워서 집에 가고 싶다는 생각만 하게 된 거예요.

트럭 운전사는 고속도로 휴게소에서 세 명의 아이를 각각 다른 트럭 운전사에게 맡겼어요. 아이들은 공포심에 사로잡혀서 살아서 집으로 돌아갈 수 있을까를 걱정하기 시작했어요. 하지만 다행히 나쁜 어른들은 아니었답니다. 세 명 모두를 워싱턴에 데려다 주었지요. 세 아이 중 하나였던 로저 벨의 어머니는 아들의 가출 때문에 상심한 탓에 병원에 입원할 정도였어요. 버핏은 친구들을 꼬드겨 가출한 자신이 너무 싫어서 괴로움에 죽을 지경이었습니다.

반항기 가득한 버핏의 학교 성적이 좋을 리가 없지요. 대부분이 C와 D학점이었고, 낙제점을 겨우 면한 D⁻학점도 있었어요. 심지어 가장 좋아하고 제일 잘하는 수학도 C학점을 받았어요. 선생님들은 버핏을 고집 세고 예의 없고 게으른 학생으로 여겼지요. 말잘 듣는 착한 아들이었던 버핏의 이런 모습에 부모님은 크게 상심했어요.

그런데도 그는 친구들과 '낚기'라고 부르는 도둑질을 서슴지 않았답니다. 백화점에 가서 필요도 없는 골프 가방과 골프채를 훔쳤어요. 천성이 온화한 버핏이 자꾸 삐뚤어지자 부모님은 더 이상 가만두어서는 안 되겠다고 생각했어요.

결국 부모님은 최후통첩을 날렸답니다. 특히 술과 담배를 전혀 하지 않고 엄격한 윤리를 신봉하는 아버지는 아들을 이번 기회에 바로 잡아야 한다고 생각했어요. 고등학교 생활을 시작할 무렵, 아버지는 버핏을 불러 이렇게 이야기했답니다.

"너에게는 두 가지 길이 있다. 계속 이런 식으로 행동할 수도 있고, 네가 지닌 잠재력을 발휘할 수도 있어. 만약 계속 이렇게 하겠다면 신문 배달은 그만둬라."

아버지는 버핏이 가장 좋아하는 게 무엇인지 잘 알고 있었던 거예요. 버핏은 자신이 가장 신이 나는 일을 도저히 그만둘 수 없었어요. 신문 배달을 그만두고 싶지 않아서 다시 공부하기로 했고, 신문 배달 사업도 확장하기 시작했어요.

돈 버는 데만 집중 또 집중

버핏은 신문 배달만 한 게 아니에요. 매일 새벽 4시 30분에 일어나 신문에 실린 만화, 스포츠, 주식 관련 기사를 꼼꼼히 읽고 나서야 배달을 시작했어요. 아침에 신문 읽는 습관은 평생 이어져 하루 일과에서 매우 중요한 일이 되었답니다. 버핏은 아직까지도 각종 경제 잡지, 신문 등을 빼놓지 않고 읽고 있어요. 사실 버핏뿐 아니라 성공한 투자가 대부분은 신문을 열심히 읽어요.

고등학교에 입학할 무렵, 버핏은 이제 단순히 신문을 배달하는 소년이 아니라 어엿한 사업가가 되었어요. 그때까지 모은 돈이 2000달러약 220만 원가 넘었지요. 아버지는 자신의 동업자인 칼 포크가 세운 철물점 '빌더스 서플라이 컴퍼니Builders Supply Co.'에 투자하는 것을 허락했어요.

이것만이 아니에요. 버핏은 고향 오마하에 160제곱킬로미터 부지의 농장도 1200달러약 130만 원에 사들였어요. 이 농장을 소작농들에게 빌려주었고, 거기서 생기는 이익을 함께 나누었지요. 이런 방식은 그가 선호하는 투자 스타일이에요. 육체노동을 싫어하는 자신은 투자를 하고 그 결과를 같이 나누는 걸 좋아했답니다. 고등학생 신분으로 농장주가 된 버핏은 학교 친구들과 선생님들에게 자신을 이렇게 소개하기 시작했어요.

"안녕하세요. 소작농이 농사를 짓는 농장을 중서부 지역에 가지고 있는 워런 버핏이에요."

그는 학교 수업 외에는 온전히 모든 시간을 돈 버는 데 집중했어요. 예나 지금이나 고등학생이 사업을 하는 건 매우 드문 일이

었어요. 신문 배달만으로도 한 달에 175달러를 벌었는데, 이 금액
은 당시 교사의 월급보다 많은 거였답니다.

신문 배달 외에 다른 사업도 벌이기 시작했어요. '버핏 골프공'
이라는 이름으로 중고 골프공을 깨끗하게 닦아서 열두 개에 6달
러씩 팔았어요. 어려서부터 열렬하게 수집한 우표는 '버핏 어프로
벌 서비스Buffet's Approval Service'라는 회사를 만들어 다른 지역에 사는
사람들에게 팔았고요. '버핏 쇼룸 샤인Buffet's Showroom Shine'은 자동
차를 닦아 광택을 내주는 사업이었지요. 하지만 몸으로 하는 일은
힘들고 적성에 맞지 않아 금세 그만두고 말았어요.

대박! 핀볼 사업

고등학교 2학년이 된 버핏은 시행착오 끝에 드디어 사업 하나
를 크게 성공시켰어요. 고등학교 친구인 돈 댄리와 함께 벌인 사
업이었지요. 돈은 과학을 좋아하는 총명한 학생이었어요. 버핏과
달리 예쁜 여자 친구도 있었고요. 두 사람이 빨리 친해진 이유는
둘 다 숫자를 매우 좋아했기 때문이에요. 과학에 대한 돈의 열정
은 비즈니스에 대한 버핏의 열정만큼이나 남달랐어요.

고등학교 졸업반 시절, 돈은 중고 핀볼 기계를 25달러에 사서
버핏과 함께 게임을 즐겼답니다. 핀볼은 유리로 된 상자 안에 공

을 쳐 올려서 점수 따는 게임인데, 기계가 고장 나면 과학을 좋아했던 돈이 고치곤 했어요. 버핏은 그 모습을 보며 감탄했지요.

그러다 기막힌 사업 아이디어를 하나 떠올렸답니다. 버핏이 어린 시절 좋아했던 책 『1000달러를 버는 1000가지 방법』에 나온 체중계 이야기 기억하죠? 체중계가 계속해서 체중계를 낳는 사업이요. 이 방법과 똑같은 원리로 핀볼 기계 사업을 해보자는 거였어요.

"내가 낡은 핀볼 기계를 한 대 샀어. 25달러에. 이걸로 우리가 동업을 하는 거야. 너는 이 기계를 수리하고 유지하는 일을 맡으면 돼. 그리고 이발사 프랭크 에리코 씨에게 이렇게 제안하는 거야. 우리는 윌슨 자판기 회사를 대표해서 윌슨 씨 대신 사업 제안을 드리려고 합니다. 아저씨는 손해 볼 걱정은 안 하셔도 돼요. 그냥 핀볼 기계를 이발소 안에 놓아두기만 하면 되니까요. 손님들이 자기 차례를 기다리는 동안 즐길 수 있게요. 그리고 기계에서 나오는 돈을 반으로 나누자고요."

버핏의 제안에 돈은 기꺼운 마음으로 찬성했어요. 이발소에 핀볼 기계를 들여놓는 일이 거의 없는 시절이었지만, 이발사 아저씨는 버핏과 돈의 제안을 받아들였지요. 기계를 설치한 날 저녁, 둘은 장사가 잘되나 보려고 이발소에 들렀어요. 그런데 4달러 가까운 돈이 기계 안에 있는 거 아니겠어요? 이발사 아저씨는 이게 웬

떡이냐 싶어 기뻐했고, 버핏과 돈도 속으로 쾌재를 불렀어요.

한 주가 지난 뒤, 기계에서 동전을 꺼내는 날이었어요. 버핏은 동전을 두 무더기로 나누고 이발사 아저씨에게 이렇게 말했지요.

"아저씨, 이 동전을 일일이 나누지는 맙시다. 제가 임의로 나누었으니까 아저씨가 먼저 아무 무더기나 하나 가지세요."

두 사람은 핀볼 기계로 25달러를 벌었어요. 25달러를 투자해서 단지 기계만 설치해놓았을 뿐 아무 것도 하지 않았는데 투자한 돈의 100퍼센트를 번 거죠. 복리의 어마어마한 효과를 이미 알고 있던 버핏은 여기서 멈추지 않았어요. 기계를 더 사서 이발소마다 설치하기로 마음먹었지요.

이 사업은 이발사 아저씨들과 잘 지내는 것이 핵심이랍니다. 만약 이발사들이 마음을 바꿔 직접 핀볼 기계를 사게 되면 더 이상 사업을 할 수 없거든요. 그래서 기회가 있을 때마다 허풍을 쳤어요.

"핀볼 기계는 지능 지수가 400쯤 되는 사람이라야 고칠 수 있대요."

이 허풍은 잘 먹혀들었어요. 버핏과 돈은 핀볼 사업으로 상당한 액수의 돈을 벌었답니다. 고등학교를 졸업할 즈음에는 돈을 꽤 많이 모았어요. 5000달러나 됐으니까요. 지금 돈의 가치로 환산하면 6만 달러약 6600만 원가 넘지요. 신문을 50만 부 이상 배달하고, 각종 사업을 하면서 모은 돈이었어요. 이 돈이 바로 버핏을 세계 최고의 투자가, 세계 최고의 부자로 만들어줄 눈덩이가 되었습니다. 물론 이 눈덩이의 절반은 새벽 4시 30분부터 비가 오나 눈이 오나 쉬지 않고 신문을 배달한 대가였고요.

좋아하는 것만 하면서 살고 싶지만

버핏은 350명 중 16등의 성적으로 고등학교를 졸업했어요. 졸업 앨범 사진 아래에 있는 장래희망 칸에는 '주식 중개인'이라고 썼지요. 고등학교 생활 내내 신문 배달, 핀볼 사업 등 돈 버는 일을 했지만 틈틈이 비즈니스 관련 서적도 100권 이상 읽었어요.

버핏은 주식 투자를 하고 싶었기 때문에 군이 대학에 가고 싶은 마음이 없었어요. 아버지는 그래도 펜실베이니아 대학교의 와튼 스쿨경영대학원 학부 과정에 들어가길 바랐지요. 버핏은 대학에 가는 건 시간 낭비라고 생각했고요.

"네 나이 이제 고작 열일곱이야. 공부를 더 해야 하지 않겠니?"

아버지의 입장은 강경했어요. 결국 아버지의 뜻에 따르기로 했지요. 핀볼 사업을 어느 퇴역 군인에게 1200달러약 130만 원에 넘기고 대학에 진학했어요.

하지만 안타깝게도 아버지의 바람과 달리 대학 생활은 별로 재미가 없었어요. 와튼 스쿨은 비즈니스 분야에서 유명한 대학이었지만 학교 수업이 마냥 시시하게 느껴졌지요. 교수님 중에 자기만큼 실제 비즈니스 현장을 아는 사람이 없다고 생각했기 때문이에요. 여섯 살 때부터 껌을 팔아 돈을 번 버핏은 벌써 10년 이상 경력을 쌓은 어엿한 사업가였으니까요. 학교에서 공부만 한 교수님들의 수업 내용은 현실과 동떨어진 시시한 이야기로밖에 들리지 않았어요.

학교 생활도 버핏의 성격과 잘 맞지 않았답니다. 미식축구는 미국인이 가장 열광하는 스포츠인데, 펜실베이니아 대학교 미식축구팀은 대학 최강이었어요. 자기가 다니는 학교의 미식축구 경기를 보면서 데이트를 하고, 클럽에 가서 술을 마시며 파티하는 게 미국 대학생의 일반적인 모습이지요.

버핏은 이런 문화가 불편하기 그지없었어요. 원래 혼자서 일하는 것을 좋아하고, 술도 마시지 않았거든요. 운동도 단체 경기보다는 골프처럼 혼자서 하거나, 탁구처럼 행동이 반복되는 종목을 좋아했어요. 탁구를 배운 뒤에는 탁구 귀신이 씐 것처럼 하루에 서너 시간씩 탁구를 치곤 했어요. 자기가 좋아하는 것에는 무서운 집중력을 보이지만, 그렇지 않은 것에는 똑같은 사람인가 싶을 정도로 집중력이 떨어졌어요. 성격이 이러니 외로움을 느끼는 건 당연했어요.

옷차림도 시골 촌뜨기의 모습이었지요. 외모를 치장하는 데 전혀 관심이 없었거든요. 테니스화에 티셔츠, 더러운 카키색 바지만 줄곧 입었어요. 버핏은 자기가 관심 없는 것에는 조금도 주의를 기울이지 않는 성격이에요. 숫자와 돈, 비즈니스를 제외한 나머지 것들에는 부모님이 모든 걸 챙겨줘야 하는 어린아이와 다름없었답니다. 대학에 진학하기 전까지 어머니가 일상생활의 모든 것을 알아서 해줬기 때문에 제대로 할 수 있는 게 거의 없었어요.

욕실 청소는 어떻게 하는 거야?

버핏이 기숙사 생활을 할 때의 일이에요. 고향 사람인 척 피터슨과 같이 방을 썼는데, 사실 척은 버핏 때문에 골머리가 아팠어요. 그와 함께 방을 쓴 첫날, 여자 친구와 데이트를 하고 기숙사로 돌아와 보니 욕실이 엉망진창인 거예요. 척은 군대에서 제대한 지 얼마 되지 않아서 방안을 깔끔하게 정리하는 습관이 남아 있었지요. 척은 욕실을 보고 어이가 없었지만 버핏에게 최대한 참으면서 말했어요.

"씻은 뒤에는 욕실을 깨끗하게 치워줘. 알겠지?"

반은 부탁, 반은 명령이었지요. 버핏은 알았다고 대답했어요. 다음 날 아침, 눈을 떠보니 욕실은 여전히 지저분하기 그지없었어요. 머리카락이 욕조에 잔뜩 붙어 있고, 전기면도기는 물에 젖은 세면대에 널브러져 있었지요. 코드가 플러그에 그대로 꽂힌 채 말이에요.

버핏의 이런 나쁜 습관 때문에 둘은 몇 번이나 옥신각신했지만, 결국 척이 두 손을 들고 말았어요. 그냥 돼지우리에서 같이 살기로 한 거죠. 그런데 나중에 이 결심은 척에게 엄청난 보상으로 돌아왔어요. 척은 버핏이 만든 투자 조합의 투자자가 되었고, 덕분에 부자가 될 수 있었거든요.

시시한 대학 수업

대학교 1학년 내내 학교 수업은 시시하고 지루하기만 했어요. 버핏이 진정 원하는 내용, 그러니까 돈을 벌고 수익을 내는 방법에 대한 수업은 하나도 없었거든요. 버핏은 틈틈이 여러 가지 주식을 연구하고 있었어요. 주가의 움직임을 그래프로 그린 차트를 분석하거나 주식 종목을 조사했어요. 이때까지만 해도 딱히 투자 철학이나 원칙이 있었던 건 아니었지요. 평소 주식에 관심에 많았기 때문에 단순히 조사를 하는 정도였답니다.

모든 수업을 시시하게 여기던 버핏은 2학년이 되어서야 처음으로 마음에 드는 과목을 발견했어요. 호켄베리 교수님의 '산업 기초'라는 수업이었지요. 직물, 철강, 정유 등 다양한 산업의 기초를 공부하는 시간이었어요. 이외에도 몇몇 과목에는 흥미가 생겼지만, 대부분의 수업에서는 별다른 재미를 느끼지 못했어요. 그래도 숫자에 대한 탁월한 감각과 비범한 암기력으로 성적은 좋은 편이었지요.

어느 날 고향 오마하를 방문했을 때, 아버지의 사업 파트너 칼 포크의 부인인 메리 포크가 버핏에게 진지하게 말했답니다.

"부모님의 기대가 크니 열심히 공부해야 한다."

"저는 전날 저녁에 책 훑어보고 펩시콜라 한 잔만 마시면 다음 날 100점을 맞을 수 있어요."

버핏은 태평하게 받아쳤지요. 오만함이 느껴질 정도지만 그가 대학 공부를 얼마나 시시하게 여겼는지 알 수 있는 이야기예요.

데이트 좀 못하면 어때

우리나라도 그렇지만 미국 학생들도 대학에 가면 애인을 사귀고 데이트를 하기 시작해요. 버핏은 어땠을까요? 맞아요, 연애에 서툴렀어요. 처음 만난 여자와 어디서부터 이야기를 시작해야 할지 모를 정도로 부끄럼이 많은 성격이었어요.

당시에도 자동차를 가진 대학생은 손에 꼽았는데, 버핏은 자동차를 갖고 있었어요. 데이트하기 유리한 조건을 갖춘 셈이었지요. 하지만 자동차도 전혀 소용이 없었어요. 친구와 함께 프랑켄슈타인이나 뱀파이어가 나오는 공포 영화를 보러 다녔어요. 공포 영화를 무척 좋아했거든요. 이런 모습은 다른 친구들이 보기에 매우 특이했을 거예요.

버핏이 가입한 동아리 '알파 시그마 파이'는 일요일마다 차를 마시는 파티를 열었는데, 이 모임에도 빠지기 일쑤였어요. 누가 가벼운 농담이라도 할라치면 얼굴이 빨개져서 고개를 들지 못했지요. 숫기라고는 전혀 없었답니다. 마음에 드는 여자가 앞에 나타나도 제대로 말을 꺼내지 못하는 건 어려서부터 그랬어요.

중학교 2학년 시절, 버핏은 같은 반 여학생을 좋아했어요. 친구 두 명은 다른 여학생을 좋아해서 여섯 명이 같이 데이트를 하려고 열심히 궁리했지요. 고민 끝에 여학생 세 명과 다 같이 영화를 보러 가기로 했어요. 버핏은 영화 보러 가자는 말을 하려고 좋아하는 여학생 집의 벨을 눌렀답니다. 그런데 그 여학생의 아버지가 나오는 게 아니겠어요? 깜짝 놀란 버핏은 엉뚱한 소리를 하기 시작했어요.

"저기…… 신문 구독하시겠어요?"

그 후 다시 머리를 짜서 영화 보러 가는 데는 성공했는데, 한 마디로 끔찍한 경험이었답니다. 왜냐하면 좋아하는 여학생과 각자

짝을 지어 영화를 보려고 했는데, 여학생들이 자기들끼리 뭉쳐서 앉았거든요. 희망이 꺾여버린 거죠.

버핏은 여학생들에 대한 관심을 놓지 않았지만, 여학생들은 전혀 관심을 보이지 않았어요. 데이트에 실패할 때마다 버핏이 매달린 것은 바로 돈을 버는 일이었어요. 동네를 돌면서 폐지나 헌 잡지를 모아다가 팔기도 했지요.

대학교 때는 이미 상당한 돈을 모아놓은 상태여서 중학교 2학년 시절처럼 폐지를 모을 필요는 없었어요. 무엇보다 버핏에게는 한 가지 남다른 재능이 있었고, 그걸로 주변에 사람을 모을 수 있었으니까요. 버핏은 술을 즐기지 않는데도 종종 혼자서 토요일 밤 클럽에 나가 구석에 자리를 잡았답니다. 그러고는 거기서 주식 시장에 대한 강의를 시작했지요. 시간이 지나면서 버핏의 이야기를 듣기 위해 사람이 모여들었어요. 다른 것은 몰라도 대학 친구들 사이에서 돈이나 사업에 관해서는 버핏이 최고라는 소문이 나 있었거든요.

지루한 대학 생활 끝내기

펜실베이니아 대학교를 떠날 시간이 점점 다가오고 있었어요. 아버지가 네 번째로 하원 의원 선거에 도전했는데, 예상과 달리

패배하고 말았거든요. 가족들은 크게 실망했고, 아버지는 돈을 벌기 위해 다시 고향으로 돌아가기로 했어요. 하원 의원으로 일하는 동안 거의 돈을 벌지 못했으니까요. 버핏과 누나가 대학생이었고, 동생 로버타까지 대학 입학을 앞두고 있어서 많은 돈이 필요했어요. 아버지는 하원 의원에 당선되기 전에 설립했던 오마하의 주식 중개 회사로 돌아갔어요.

버핏도 더는 학교에 다니기 싫어졌어요. 학교를 그만둘 분명한 이유가 생긴 거죠. 버핏은 어린 시절부터 고향 오마하를 떠나는 걸 지독히 싫어했어요. 그래서 봄 학기를 마치고 결국 고향으로 돌아왔답니다.

'고향에 있는 네브래스카 대학교에서 대학 생활을 마저 하면 경제적으로도 훨씬 유리할 거야.'

버핏은 이렇게 자신을 합리화했어요.

주식 투자?
궁금한 건 못 참아

"두 교수님은 올림포스 산 같은 데서
세상을 내려다보고 계시는 줄 알았습니다.
제가 입학하게 된다면 정말 좋겠습니다."

워런 버핏, 경영대학원 지원서 중에서

여러분에게는 우상이 있나요? 버핏은 컬럼비아 대학교에서 평생의 스승이자 영웅을 만난답니다. 좋아하는 것에 집중 또 집중하는 버핏은 오로지 수업에만 몰두했고, 주식 세계에 깊이 빠져들었어요. 학교에서 가장 뛰어난 학생이 된 건 물론이고요. 하지만 버핏에게도 풀리지 않는 어려운 문제가 있었지요. 바로 애인을 만드는 일이었답니다.

공부와 사업 모두 탄탄대로

열아홉 살에 고향으로 돌아온 버핏이 가장 먼저 한 일은 무엇이었을까요? 다름 아닌 신문 배달이었어요. 《링컨 저널》이라는 신문의 보급 관리 책임자가 되었지요. 네브래스카 대학교에 편입도 했어요. 누나의 남자 친구와 돈을 합해 자동차도 한 대 샀고요. 오전에는 학교에 가서 수업을 듣고, 오후에는 자동차를 타고 신문 배달 일을 했어요. 신문 배달이라고 우습게 볼 건 아니었어요. 버핏은 50명이나 되는 신문 배달원을 관리해야 했거든요.

여름에는 백화점에 일자리를 얻어서 남성복과 남성복 액세서리를 팔았답니다. 버핏의 평생 취미가 된, 네 줄짜리 하와이 악기 우쿨렐레도 배웠어요. 짝사랑하던 여자가 우쿨렐레 연주자와 사귀고 있었거든요. 그 남자를 이기고 싶은 마음에 배우기 시작했는데, 결국 그녀와 사귀지는 못했어요. 그래도 평생 취미를 하나 얻게 되었지요.

촌스러운 양복을 걸치고 다니던 버핏에게 옷을 파는 일은 딱히 어울리지 않았지만, 일은 그런대로 만족스러웠어요. 버핏은 싸구려 양복을 입고 같이 일하는 직원들 앞에서 우쿨렐레를 연주하곤 했답니다. 골프공 사업도 다시 시작했어요. 다른 곳에서 골프공을 사다가 이윤을 붙여 파는 사업이었지요.

인맥과 권력이 필요해

학교 생활과 사업을 같이 하던 버핏은 대학 졸업이 가까워지자 갑자기 생각을 바꿨어요. 공부를 더 하기로 마음먹은 거죠. 그간 버핏은 돈 버는 일과는 관계 없는 이론 위주의 학교 수업을 시시하게 생각했거든요. 더 공부하지 않아도 어렸을 때부터 꿈꿔왔던, 서른다섯 살에 백만장자가 되는 꿈을 이룰 수 있다는 믿음이 있었지요. 그런데 갑자기 미국 최고의 명문 대학인 하버드 대학교 경영대학원에 진학하기로 결심한 거예요.

생각을 바꾼 결정적인 이유는 바로 아버지 때문이었어요. 아버지가 주식 중개 사업을 다시 시작하고 곤란을 겪는 걸 보면서, 좋은 인간관계와 권력을 가져야 한다고 생각했어요. 버핏은 당연히 하버드 대학교가 자신을 뽑아줄 거라고 생각했지요.

"나 따라서 하버드로 와."

친구에게 이렇게 말할 정도로 자신감이 충만했어요. 하버드 대학교에 진학하면 장학금도 받을 수 있는 상황이었어요. 버핏은 당당하게 기차를 타고 하버드 대학교 경영대학원에 면접을 보러 갔답니다. 그때 나이가 열아홉이었는데, 다른 지원자보다 어린 축에 속했어요. 아버지가 하원 의원을 지냈지만 경영대학원 입학을 도와줄 인맥은 없었어요.

투자의 귀재, 하버드 대학에 떨어지다

버핏은 경영대학원에 합격하려면 자기가 갖고 있는 주식에 대한 지식을 면접관들에게 강하게 호소해야 한다고 생각했어요. 지금까지 자기가 주식 이야기를 꺼내면 사람들은 모두 귀를 쫑긋 세우고 열심히 들었거든요. 친척, 친구, 심지어 교수님까지도요.

하지만 버핏의 생각은 잘못된 거였어요. 미국은 대학마다 설립 이념이 있답니다. 하버드 대학교는 버핏처럼 어느 한 분야에 전문적인 지식을 갖춘 학생이 아니라, 사회의 지도자리더가 될 수 있는 학생을 뽑는 곳이었어요. 10분쯤 면접을 진행하던 면접관이 입을 열었지요.

"몇 년 더 지난 뒤에 입학하면 좋을 것 같습니다."

버핏은 이 말을 불합격으로 듣지 않고 곧이곧대로 믿었어요. 정말 몇 년 뒤에 입학하라고 한 줄 알았던 거죠. 얼마 뒤 하버드 대학교에서 입학 허가를 내줄 수 없다는 통보가 오자 크게 당황했어요. 살면서 거절을 당해 본 게 처음이었거든요. 물론 여자들은 예외였지만요. 그때 버핏의 머릿속에 퍼뜩 떠오르는 사람은 부모님이었어요.

'부모님께 뭐라고 말씀드리지…….'

하지만 아버지는 아들을 나무라지 않았어요. 훗날 이 일을 두고

세상에서 숫자가 제일 좋아

하버드 대학교가 세계 최고의 투자가가 될 사람을 몰라 봤다며 경영대학원 입학 기준이 잘못된 거 아니냐는 이야기가 나오기도 했답니다.

나의 우상을 만났어!

하버드 대학교 경영대학원에 떨어진 버핏은 여기저기 대학을 알아봤어요. 그러던 어느 날, 컬럼비아 대학교의 소개 책자를 보다가 우연히 두 사람의 이름에 눈길이 확 꽂혔어요. 낯익은 이름이었거든요. 그 두 사람은 벤저민 그레이엄Benjamin Graham과 데이비드 도드David L. Dodd 교수랍니다.

평소 주식에 관심이 많았던 버핏은 그레이엄과 도드 교수가 함께 쓴 『현명한 투자자The Intelligent Investor』라는 책을 읽은 적이 있었어요. 그런데 이 두 사람이 컬럼비아 대학교에 있는 줄은 전혀 몰랐던 거예요. 이 책은 나중에 '월스트리트의 성경'이라고 불릴 정도로 지금까지 나온 주식 관련 서적 중에서 가장 많이 팔린 책이 되지요. 실제 주식의 가치를 분석하고, 투자자가 가져야 할 사고 방식을 다루고 있어요.

버핏은 이 책을 읽으면서 황홀경에 빠졌어요. 여러 해 동안 도서관에서 주식에 관한 책을 닥치는 대로 읽었지만, 이 책만큼 마

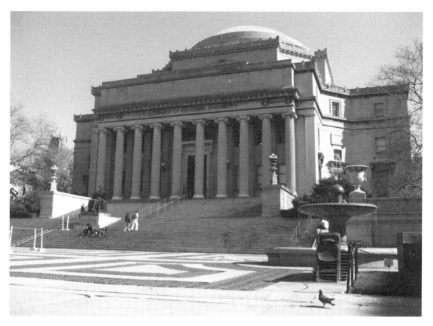

버핏이 평생의 스승을 만난 컬럼비아 대학교

'월스트리트의 성경'이라 불리는 『현명한 투자자』 표지

음을 움직인 책은 없어요. 그때의 모습을 본 버핏의 친구는 이렇게 말했답니다.

"버핏은 마치 신神을 찾아낸 것 같았어요."

버핏은 『현명한 투자자』를 여러 번 반복해서 읽었어요. 실제로 이 책의 분석 방법에 따라서 주식을 사기도 했고요. 한참 나이가 든 뒤에도 버핏이 가장 소중히 여기는 책은 『현명한 투자자』였어요. 신을 찾아낸 것 같은 경외심을 불러일으킨 책의 저자 두 명이 컬럼비아 대학교에 있다는 사실은 설렘 그 자체였어요.

더 이상 생각할 것도 없었지요. 당장 컬럼비아 대학원에 가기로 마음먹었어요. 문제는 시간이 별로 없다는 거였어요. 원서 접수가 이미 끝났을지도 모른다는 생각에 마음이 조마조마했어요. 급하게 지원서를 써서 8월에 제출했는데, 개학이 한 달밖에 남지 않은 상황이었지요. 버핏은 훗날 그 지원서의 내용을 공개했답니다.

오마하에서 방금 경영대학원 소개 책자를 보았습니다. 데이비드 도드 교수님과 벤저민 그레이엄 교수님이 가르친다고 되어 있었습니다. 지금까지 저는 두 분이 올림포스 산 같은 데서 세상을 내려다보고 계시는 줄 알았는데 그게 아니었습니다. 제가 입학하게 된다면 정말 좋겠습니다.

다행히 지원서는 경영대학원 부학장이었던 도드 교수의 책상 위에 올라갔어요. 컬럼비아 대학교는 하버드 대학교와 달리 지도자의 자질보다 사업에 얼마나 큰 열정을 가지고 있느냐를 더 중요시하는 학풍이었어요. 스무 살도 안 된 나이에 버핏만큼 사업에 열정을 가진 젊은이가 어디 있겠어요? 입학 지원서의 제출 시한은 넘겼지만, 버핏은 당당하게 컬럼비아 대학교에서 합격 통지서를 받았어요. 첫 번째 영웅인 아버지에 이어, 두 번째 영웅이자 평생의 스승이었던 그레이엄을 만나게 된 거예요. 이제 버핏은 본격적으로 투자와 주식의 세계에 들어가게 되었지요.

주식의 세계에 깊이 빠지다

드디어 경영대학원의 첫 수업 시간. 버핏은 도드 교수의 '재무 111-112: 투자 관리와 증권 분석' 수업을 듣기 위해 한껏 부푼 마음으로 강의실에 들어갔어요. 도드 교수는 그레이엄 교수와 함께 과학적인 증권 분석의 기초를 닦았다는 평가를 받는 『증권 분석 Security Analysis』이란 책을 함께 쓴 인물이에요.

버핏은 수업을 듣기 전에 이미 800쪽이 넘는 두꺼운 이 책을 거의 외우다시피 했어요. 도드 교수는 그레이엄 교수의 강의와 세미나 내용을 꼼꼼히 정리한 뒤 이것을 바탕으로 자신의 지식을 더해 책을 완성했지요. 지금도 주식 투자자들 사이에서 고전으로 꼽히는 책이에요.

도드 교수는 강의 시간에 학생들에게 늘 질문을 했는데, 이때마다 버핏은 자기를 시켜달라고 손을 번쩍 들었어요. 책을 달달 외울 정도로 읽었기 때문에 항상 정답을 내놓았지요. 자주 손을 들면 다른 학생들 눈치도 볼 법한데, 버핏은 전혀 개의치 않았어요. 자기 모습을 남들이 어떻게 볼까, 혹시 우스꽝스러워 보이지는 않을까, 내가 잘난 척하는 건 아닐까 하는 생각은 아예 머릿속에 있지도 않았지요. 그렇다고 과시할 생각도 없었어요. 오로지 수업에 몰두하고 주식의 세계에 깊이 빠져들고 싶다는 생각밖에 없었답니다.

알고 싶으면 직접 가야지

버핏은 그레이엄의 수업을 직접 들을 날이 다가오자 그의 모든 것을 알고 싶어졌어요. 그레이엄의 투자 방법, 특별히 좋아하는 투자 대상까지. 그레이엄은 버핏에게 영웅이었고, 신과 같은 인물이었거든요.

그러다 그레이엄이 '가이코'라는 회사의 회장 직함을 가지고 있는 것을 알게 됐어요. 그레이엄은 제리 뉴먼과 함께 '그레이엄-뉴먼 코퍼레이션'이라는 투자 회사를 경영하고 있었어요. 이 투자 회사가 자동차 보험 회사인 가이코의 주식 51퍼센트를 갖고 있었지요. 이 사실은 금세 버핏의 눈길을 사로잡았답니다. 그는 궁금해서 도저히 견딜 수가 없었어요. 어떻게든 이 회사가 어떤 곳인지 알고 싶었어요. 버핏은 궁금증이 생기면 그걸 알아내기 위해 집중 또 집중하는 성격이니까요.

어느 추운 겨울날 아침, 버핏은 워싱턴으로 가는 기차를 탔어요. 가이코 본사를 방문하기 위해서였지요. 도착해보니 사무실에는 아무도 없었어요. 문을 두드렸더니 경비원이 나왔고, 버핏은 공손하게 경비원에게 물었어요.

"가이코가 하는 사업에 대해 설명해주실 수 있나요?"

물론 자기가 그레이엄에게 배우는 학생이라는 말도 빼놓지 않았지요. 이 말이 먹혔던 건지 경비원은 부사장인 로리머 데이비드슨의 사무실로 안내했어요. 아침 일찍 출근한 데이비드슨 부사장은 경비원의 이야기를 듣고 속으로 이렇게 생각했지요.

'음, 그레이엄의 학생이라……. 5분만 이야기하고 돌려보내야겠군.'

데이비드슨은 그레이엄 회장의 학생이라서 조금 귀찮아도 가급적 예의바르게 대하려고 노력했어요. 버핏이 알아듣지 못할 거라고 생각하면서 자동차 보험에 대해 설명하기 시작했지요. 하지만 잠시 뒤, 데이비드슨은 깜짝 놀랐어요. 질문에 답을 하다 보니, 버핏이 대학생이라고 할 수 없을 정도의 지식을 갖고 있다는 사실을 알게 됐거든요. 거의 전문가 수준이었어요. 대화를 계속하면서 이미 그가 열여섯 살 때부터 사업을 하고 있고, 세금 신고도 스스로 한다는 걸 알았지요.

버핏은 보험에 관심이 많았어요. 사람들의 수명에 관심이 있어서 어린 시절, 찬송가 작곡자들의 출생연도와 사망연도를 계산하곤 했으니까요. 보험은 사망이나 사고에 대비하기 위해 가입하는 상품이어서 사람의 수명을 근거로 만들거든요. 버핏의 취향과 딱 맞는 사업이었어요. 이 만남 이후로 데이비드슨 부사장은 평생 친구가 된답니다. 버핏은 많은 친구들을 데이비드슨 부사장처럼 투자를 하면서 만났어요.

버핏은 뉴욕으로 돌아오자마자 가이코 주식 350주를 사들였어요. 신중하게 주식을 사는 그에게 매우 드문 일이었지요. 그만큼 그레이엄과 보험 회사 주식에 푹 빠져 있었어요. 물론 돈을 벌 수 있다는 자신감도 있었고요. 훗날 버핏은 대학원 1학기 때 산 이 주식을 자신의 투자 회사인 버크셔를 통해 전부 다 사들여요. 그의 평생 보유 주식이 된 거죠.

위대한 스승, 벤저민 그레이엄

스무 살의 버핏은 드디어 꿈에 그리던 그레이엄의 수업을 듣게 되었습니다. 작은 강의실에서 스무 명 정도가 듣는 수업이었어요. 학생들 대부분은 버핏보다 나이가 많았고, 주식 관련 회사에서 일하는 사람도 있었어요. 버핏이 가장 나이가 어렸지요.

하지만 학생 중 가장 특출했어요. 그레이엄이 질문을 하면, 역시 제일 먼저 손을 들고 말했지요. 또 다른 질문을 해도 가장 빠른 속도로 대답했어요. 나중에는 나머지 학생들이 그레이엄과 버핏의 이야기를 듣기만 할 지경이었답니다. 그는 최고의 학생이었어요. 그레이엄에게 최고 점수인 A+를 받은 사람은 버핏뿐이었으니까요. 그가 이 수업의 스타 학생이라는 걸 다른 학생들도 모두 인정했어요.

버핏은 그레이엄의 수업을 들으면서 꿈이 하나 생겼어요. 그레이엄의 투자 회사에 입사하는 것! 다른 건 몰라도 주식만큼은 다른 사람들보다 잘할 자신이 있었거든요. 버핏은 용기를 내어 스승 그레이엄에게 회사에 입사하고 싶다고 이야기를 했지요. 하지만 결과는 실망스러웠어요. 그레이엄이 거절했거든요.

"대형 투자 은행은 말이야, 아직도 유대 인을 채용하려고 하지 않아. 그래서 우리 회사는 겨우 몇 명밖에 채용 못해도 유대 인만

뽑으려 하네."

그레이엄이 버핏의 부탁을 거절한 이유예요. 그레이엄은 유대 인이었거든요. 1950년대만 해도 유대 인은 차별을 많이 당했어요. 인종차별이었지요. 미국의 유명한 투자 회사는 유명 대학을 나온 백인 남자만 주로 채용했어요. 그래서 그레이엄의 투자 회사는 차별 당하는 유대 인을 위해 유대 인만 직원으로 뽑았답니다.

그래도 버핏에게 한 가지 위안이 되는 사실은 고향 오마하로 돌아갈 수 있다는 거였어요. 버핏은 오마하에 있을 때가 가장 마음이 편했거든요. 그리고 한 가지가 더 있었지요. 오마하에 좋아하는 여자가 있었답니다. 여자를 사귀는 데는 전혀 재주가 없었지만 이번만큼은 꼭 그 여자를 사귀겠다고 마음먹었어요.

가슴 아픈 짝사랑

여자 앞에만 서면 움츠러드는 버핏은 여자 친구를 제대로 사귀어보는 게 평생 소원 중 하나였어요. 버핏은 여자와 만나서도 주식이나 정치 이야기만 늘어놓기 일쑤고, 그 이야기마저 떨어지면 어쩔 줄 몰라 했어요. 아니 어떤 여자가 주식과 정치 이야기만 하는 사람을 좋아하겠어요? 그래도 어쩌다 데이트라도 할라치면, 여자가 퇴짜를 놓지 않을 거라는 확신이 들어야만 그제야 용기를 내서 말을 꺼냈어요.

그런데 이번에는 정말 놓치고 싶지 않은 여자를 만났어요! 동생의 대학교 기숙사 룸메이트인 수전 톰슨이었지요. 보통 수지라는 애칭으로 불렸답니다. 어느 날 동생이 수지를 소개시켜줬는데 만나자마자 홀딱 반해버렸대요. 하지만 수지 역시 다른 여자들처럼 버핏에게 도통 관심이 없었어요. 게다가 수지는 사랑하는 남자가 따로 있었거든요. 수지가 너무 좋았지만 버핏이 비집고 들어갈 틈이 없었지요. 그렇게 가슴 아픈 짝사랑이 시작됐어요.

버핏은 수지를 소개받기 전에 배니타 마에 브라운이라는 여자를 잠시 만난 적이 있어요. 배니타는 함께 네브래스카 대학교에서 공부하던 학생이에요. 미스 네브래스카에 뽑힐 정도로 미인이었어요. 버핏은 배니타와 강변을 산책하며 치즈 샌드위치를 나눠 먹었어요. 그녀 앞에서 자신의 장기인 우쿨렐레 연주도 했고요. 배니타와 있으면 유쾌하고 즐거웠어요.

버핏은 배니타와 틈틈이 만나면서도 수지에게 가을 내내 편지를 썼어요. 수지는 싫다 좋다 전혀 반응이 없었고요. 자꾸 귀찮게 편지 좀 보내지 말라는 말도 하지 않았지요. 그래서 작전을 바꿨어요. 수지의 부모님을 자기편으로 만들기! 수지의 아버지인 톰슨 박사는 버핏의 아버지가 하원 의원 선거에 나갔을 때 선거본부장을 맡을 정도로 평소 잘 알던 사이였거든요. 버핏은 수지의 부모

세상에서 숫자가 제일 좋아

님을 모시고 수지와 함께 미식축구 경기를 보고 저녁 식사를 했어요. 그런데 수지가 식사를 마치자마자 바로 다른 남자와 데이트를 하러 나가버렸어요. 버핏은 정말 슬펐답니다.

수지의 마음을 얻고 싶었지만 결코 쉽지 않았어요. 부끄러움이 많은 성격인지라 어떻게 수지의 마음을 돌릴 수 있을까 걱정이 많았지요. 그러다가 더는 안 되겠다 싶어서 웅변과 화술을 가르쳐주는 학원에 등록했어요. 남들 앞에서 말을 잘하고 싶다는 목표가 있었거든요. 하지만 더 큰 이유는 수지와 자연스럽게 대화할 수 있는 능력을 키우고 싶어서였어요. 버핏은 이 수업을 들으면서 말하는 실력을 쑥쑥 키웠어요. 훗날 버핏은 이때의 경험을 떠올리며 이렇게 말했지요.

"내가 여태껏 받았던 그 어떤 학위보다 중요한 학습 과정이었습니다!"

하지만 안타깝게도 새로 배운 기술을 수지에게 써먹을 기회가 없었어요. 그래서 어쩔 수 없이 수지 아버지의 마음이라도 얻기 위해 밤마다 우쿨렐레를 들고 수지의 집을 찾았어요. 더운 여름날에는 현관에 나와, 수지의 아버지는 만돌린을 연주하고 버핏은 우쿨렐레를 연주했답니다. 두 사람이 땀을 뻘뻘 흘리며 연주하는 동안 수지는 버핏의 마음을 아는지 모르는지 다른 남자와 데이트를 하러 나갔어요. 가슴이 찢어지는 일이었지요.

진심은 통한다

수지 부모님의 마음을 사로잡으려는 작전은 결국 역효과가 났어요. 수지의 아버지가 수지에게 버핏을 갖다 붙일수록 수지는 더욱 버핏을 밀어냈거든요. 수지의 아버지가 버핏과 수지가 잘되기를 바랐던 이유는 수지의 남자 친구가 유대 인이었기 때문이에요. 보수적인 부모님들은 사랑하는 딸이 유대 인과 사귀는 걸 결코 용납하지 않았어요. 그런 시대였지요. 아버지가 너무 심하게 반대했기 때문에 수지는 몰래 남자 친구를 만나야 했고, 그런 상황이 힘들어서 눈물로 보내는 날이 많았어요.

그런데 어느 날부터인가 수지의 마음이 조금씩 열리기 시작했어요. 수지는 주변 사람들에게 관심이 많고 배려심도 있는 여자예요. 주위에 어려운 사람이 있으면 결코 그냥 넘어가는 법이 없었지요. 사람을 만나면 그 사람의 성격을 속속들이 알고 싶어했어요. 버핏에게도 마찬가지였고요.

수지는 계속 버핏과 스쳐가면서 자기가 그에 대해 처음 했던 생각이 틀렸다는 걸 알게 됐어요. 하원 의원의 아들이라 특권 의식이 강하고 자기밖에 모르는 오만한 사람이라고 여겼거든요. 사실 버핏은 마음이 여려요. 겉으로 보기에는 매우 확신에 찬 사람 같지만 돈이나 주식에 관해서나 그렇지, 나머지는 몹시 서툴렀지요. 한 마디로 사회성이 없는, 자기만의 세계에 빠져 있는 젊은이였어요.

버핏이 이런 성격을 갖게 된 건 어머니의 성격과 관련이 있답니다. 버핏은 평생 어머니를 몹시 불편해했어요. 어머니는 자식에게 모든 것을 내어주는 헌신적인 사람이었지만, 간혹 불같이 화를 냈어요. 게다가 어머니의 집안은 유전적으로 정신분열증 같은 정신병이 있어서 늘 불안했지요.

버핏은 나이가 들어서도 어머니와 식사를 한 뒤에는 곧장 자기 방으로 가서 자기만의 세계에 빠져들었어요. 돈과 주식에 대한 책에 푹 빠져 어머니를 피하곤 했어요. 버핏과 어머니의 불편한 관계는 평생 동안 이어졌답니다. 나중에 버핏은 어머니와의 관계를 돌아보면서 오랜 시간 동안 어머니와 불편하게 지낸 것을 매우 후회했어요.

"어머니가 돌아가신 뒤에 참 많이 울었습니다. 슬프거나 어머니가 보고 싶어서 그랬던 게 아닙니다. 어머니와 가깝게 지내지 못한 시간이 아까웠어요. 어머니에게는 좋은 점이 참 많았거든요. 하지만 나쁜 점 때문에 사이가 좋지 않았지요. 잘해보고 싶었지만 쉽지 않았어요. 아버지와 이 부분에 대해서 이야기를 나눠본 적이 단 한 번도 없네요. 더 잘할 수 있었는데, 그러지 못해서 정말 안타깝습니다."

버핏의 어머니는 버핏이 예순여섯 번째 생일을 맞는 날 돌아가셨어요.

수지는 버핏의 여린 마음을 알게 되면서 그를 이해하기 시작했답니다. 이해와 더불어 마음도 함께 주기 시작했지요. 버핏은 수지가 언제 무슨 옷을 입었는지 다 기억할 정도로 수지를 깊이 사랑했어요. 그는 남의 옷은 물론이고 자기 옷에도 전혀 관심을 두지 않는 성격인데, 수지만은 예외였던 거예요. 그가 누군가의 옷에 신경을 쓴다는 사실만으로도 정말 대단한 변화였어요.

스물한 살, 버핏은 드디어 태어나서 처음으로 서로 사랑하는 사람을 만났어요. 그 기쁨을 자랑하고 싶어서 고모에게 편지를 썼답니다.

> 저는 지금 수지와 열렬하게 사랑하고 있어요! 수지에게 완전히 반해버렸어요. (⋯⋯) 이 여자의 단점은 단 하나밖에 없습니다. 주식에 대해서 아무 것도 모른다는 거요.

수지는 마침내 결심을 하고 사귀던 남자 친구에게 이별의 편지를 보냈어요. 길고 슬픈 편지였지요. 버핏은 당장 장인어른이 될 수지의 아버지를 만나러 갔답니다.

수지의 아버지는 버핏에게 한참 정치 이야기를 했어요. 버핏은 끈기있게 그 이야기를 참고 또 참으며 들었어요. 세 시간 동안이나 이야기를 늘어놓던 수지의 아버지는 자리를 마무리하면서 일어났습니다. 그리고 버핏이 그토록 고대하던 말을 해주었어요.

"그렇게 하게."

"나의 우상은 누구?"

눈을 감고 생각해보세요. 여러분의 우상은 누구인가요? 버핏은 자신의 인생에서 두 명의 우상이 있었다고 꼽았습니다. 버핏은 스스로의 경험에서도 배웠지만 늘 다른 사람들의 경험을 통해서도 깨우치려고 했어요. 정직과 명예의 소중함은 아버지에게 배웠고, 투자 철학은 스승 그레이엄에게 배웠어요.

"앞선 사람의 옷자락을 잡고 묻어간다."

버핏은 두 사람이 자신에게 끼친 영향을 이렇게 표현했어요. 그는 평소 자녀들에게 "명성을 쌓는 데는 평생이 걸리지만 이 명성을 망가뜨리는 데는 5분밖에

버핏의 우상인 그레이엄(오른쪽)은 뉴먼(왼쪽)과 함께 투자 회사를 경영했어요.

걸리지 않는다"는 말을 자주해요. 그리고 어떤 일을 할 때, 그 행동이 신문 1면에 나온다면 어떨지 생각해보라고 해요. 회사 경영에도 명성이 중요하다고 항상 강조했어요. 버크셔가 투자한 회사 중에는 보험 회사가 많은데, 미국에서 제일 큰 보험 회사가 부정을 저지르자 버핏은 직원들에게 이렇게 이야기했어요. "돈을 잃어도 좋습니다. 아주 큰돈을 잃더라도 상관없습니다. 하지만 절대로 명성을 잃어서는 안 됩니다. 아무리 작은 명성이라도 말입니다. (……) 얄팍한 조작과 속임수는 오히려 해가 된다는 사실을 잊지 말아야 합니다."

버핏의 이런 철학은 아버지에게 배운 거예요. 평생토록 아버지를 사랑했고, 그가 죽은 뒤에도 항상 그리워했답니다. 마음속에 스승으로 늘 담아두었지요.

버크셔가 주식 100퍼센트를 소유하고 있는 보험 회사 가이코도 원래 그레이엄이 투자했던 회사예요. 버핏은 그레이엄의 모든 것을 배우려고 했고, 실제 그를 따라 투자하기도 했어요. 단순히 투자만 배운 게 아니라 그의 사고방식도 남김없이 흡수하고자 했어요.

어떤 우상을 찾을까

"내가 남들보다 멀리 내다본 게 있다면 그건 단지 거인들의 어깨 위에 올라서 있었기 때문이다."

현대 물리학의 아버지 아이작 뉴턴Isaac Newton이 한 유명한 말이에요. 뉴턴은 만유인력의 법칙을 발견한 위대한 과학자이지요. 뉴턴의 물리학에 대한 지식은 세상을 보는 방법을 혁명적으로 변화시켰어요. 그래서 사람들은 뉴턴을 '세기의 천재'라고 불러요.

하지만 뉴턴은 자신의 지식은 앞서 살다간 거인들이 없었다면 쌓을 수 없다고 겸손하게 표현했어요. "앞선 사람의 옷자락을 잡고 묻어간다"는 버핏의 생각과 비슷하죠? 버핏은 그레이엄을 만나지 못했다면, 주식 투자로 엄청난 부를 쌓아올리지 못했을 거예요. 버핏은 대학생을 대상으로 한 어떤 강의에서 우상에 대해 이렇게 이야기했어요.

> 사람들은 영웅을 롤모델로 부르나 본데, 그건 중요하지 않아요. 영웅이 있으면 그 사람에게 배우고 싶은 점을 자기 것으로 만들 수 있어요. 운 좋게도 나는 그런 점에서 훌륭한 사람들을 만났습니다. 우리 가족이 워싱턴으로 처음 이사 왔을 때, 나는 한동안 내성적인 성격 때문에 힘든 시간을 보냈지요. 그때 찾은 영웅이 나를 힘든 시간에서 구해줬어요. 자신의 영웅이 될 만한 사람을 찾고, 존경할 만한 점이 무엇인지 찾아보세요. 그들과 똑같이 되려면 어떻게 해야 되는지도 생각해보세요.

버핏은 가장 좋은 투자는 자기 자신에 투자하는 거라고 강조해요. 그리고 자기 자신에 대한 투자는 우상을 찾는 것에서 시작하지요. 어떤 사람을 우상으로 삼느냐에 따라 삶이 달라지기 때문이에요. 그렇다고 자신이 좋아한다는 이유만으로 아무나 선택하는 건 바람직하지 않아요. 어떤 연예인이 자신의 우상이라고 해서 내가 연예인이 될 수 있는 건 아니거든요. 자신에게 맞는 우상을 찾아야 한답니다. 버핏은 그 우상을 주식을 통해서 만났던 거예요.

Warren Buffett

2

매일 읽고 배우며 공부하기

서른두 살에
백만장자가 되었어!

전문 투자가로
사는 법

"제게 어떤 주식을 샀는지 절대 묻지 마세요."

워런 버핏

고향 오마하에서의 생활은 아주 만족스러웠어요. 사랑하는 아내, 어여쁜 딸과 함께 평온한 일상을 보내던 버핏에게 어느 날, 아주 기분 좋은 소식이 날아들었어요. 존경하는 스승인 그레이엄이 함께 일하자고 뉴욕으로 부른 거예요! 뉴욕으로 간 버핏은 회사에서 스타 투자가가 되었지요. 다시 고향에 돌아와서는 투자 조합을 만들고 전문 투자가로 살게 되었답니다.

주식 외에는 아무 것도 모르는 사람

버핏은 열렬히 사랑하던 수지와 스물두 살에 결혼했어요. 수지의 아버지가 보기에 사위는 마땅한 직업이 없는 것 같았지요. 버핏은 마음에 들지만 사랑하는 딸 수지와 어떻게 살아갈지 알 수가 없었으니까요. 지금도 그렇지만, 1950년대 초반에 대학을 졸업한 멀쩡한 젊은이가 직장도 없이 집에서 주식 투자를 한다는 건 어른들이 보기에 굉장히 이상한 일이었거든요. 버핏의 아버지 역시 어려서부터 스스로 돈을 번 아들을 믿었지만 그래도 마음 한 구석에는 불안감이 있었어요. 아버지는 1929년 대공황 때 거의 전 재산을 날린 경험이 있었어요.

1929년, 세계적인 대공황이 닥치면서 주식과 부동산 가격이 크게 떨어졌어요. 많은 사람이 직장을 구하지 못해 거리로 나앉았고요. 세계 경제 역사상 가장 어려웠던 시기 중 하나예요. 대공황의 고통을 잘 아는 아버지는 주식 투자에 조심스러웠어요.

"아버지, 너무 염려하지 마세요. 전 자신 있어요."

버핏은 전혀 걱정하지 않았어요. 투자로 돈을 벌 자신이 있었고, 실제로 많은 돈을 벌고 있었어요. 결혼을 하고 단 1년 만에, 투자한 돈을 두 배 가까이 불려놓았으니까요.

이후 버핏은 아버지의 주식 중개 회사에 들어갔어요. 에어컨도

서른두 살에 백만장자가 되었어!

없는 네 칸짜리 사무실 한쪽에서 주변 사람들에게 주식을 팔고 수수료를 받았지요. 그는 자신이 좋아하는 주식 종목을 친척과 대학 친구들에게 소개했어요. 버핏이 고른 주식들은 아주 좋은 결과를 안겨주었지만, 스스로는 마음이 편하지 않았어요. 주가가 오르든 내리든 주식 중개 회사는 주식을 팔아야만 이익을 낼 수 있거든요.

버핏은 자신이 소개한 주식 때문에 사람들이 손해 보는 걸 극도로 싫어했어요. 어렸을 때 누나와 돈을 합쳐 시티즈 서비스 주식을 샀다가 주가가 크게 떨어졌던 일을 잊을 수 없었지요. 그런데 이번에도 주식이 떨어지자 어린 시절처럼 누나가 버핏을 붙잡고 걱정하는 게 아니겠어요? 그는 이런 상황에서 느끼는 엄청난 책임감을 견디기 어려웠어요.

버핏은 결혼을 하고부터 아내 수지에게 점점 많은 걸 의지했답니다. 이발소에 가는 걸 무서워해서 심지어 수지가 이발도 해주었어요. 전구를 갈아 끼우는 것도 수지의 몫이었고요. 수지는 야채를 싫어하고 좋아하는 것만 먹는 버핏의 식성에 맞춰 여러 가지 음식을 준비했어요. 펩시콜라를 냉장고에 채워 넣고, 팝콘을 쌓아두고, 아이스크림을 빼먹지 않고 챙겨놓았지요.

사랑스러운 첫째 아이도 태어났어요. 딸의 이름은 수전 앨리스라고 지었어요. 주로 '리틀 수지'라는 애칭으로 불렀답니다. 버핏은 오마하에서의 생활이 행복했어요. 자신을 이해해주는 아내가 있고, 딸도 태어났고, 가장 존경하는 아버지와 함께 일할 수 있어서 만족스러웠지요.

그레이엄과 함께 일하게 되다니!

평온한 일상을 보내던 버핏에게 아주 기분 좋은 소식이 날아들었습니다. 인생의 영웅이자 스승인 그레이엄이 뉴욕으로 부른 거예요! 그토록 바라고 열망했던 꿈이 이루어진 거죠. 그레이엄이 자신의 회사에서 일을 해도 좋다는 편지를 보내왔답니다.

버핏은 뉴욕을 떠난 뒤 2년 동안 뉴욕에 갈 때마다 그레이엄을 찾아가 인사를 드렸어요. 그때마다 끈질기게 그레이엄의 회사에서 일하고 싶다고 이야기했지요. 그리고 드디어 그 부탁이 이루어진 거예요. 버핏은 엄청나게 흥분했어요. 스승과 함께 일하는 걸 늘 꿈꿔왔으니까요. 뉴욕에 도착하자마자 쉬지도 않고 그 다음날 회사로 바로 출근했을 정도로요.

버핏은 매일 아침 지하철을 타고 즐거운 마음으로 회사에 갔어요. 처음 한 달 동안은 자료 보관실에서 살다시피 했지요.

'그레이엄이 무슨 일을 어떻게 했는지 너무 궁금해.'

버핏은 그레이엄이 해온 일들을 하나도 빼놓지 않고 남김없이

서른두 살에 백만장자가 되었어!

알고 싶었어요. 그래서 박스에 가득한 서류를 하나하나 꼼꼼히 챙겨서 읽었답니다.

지독한 슈퍼 짠돌이?

그레이엄과 버핏은 둘 다 매우 뛰어난 투자가이지만 뚜렷한 차이점이 하나 있어요. 그레이엄은 먹고살 만큼의 돈만 있으면 된다고 생각했어요. 어느 날 그레이엄은 버핏과 점심을 먹으러 가다가 이렇게 이야기했어요.

"자네 이거 하나는 알아둬야 해. 우리가 지금 함께 밥을 먹으러 가잖나. 날마다 함께 일하고 또 늘 재미있고 말이야. 그러니 돈에 대해 너무 걱정하지 말게. 돈 때문에 자네나 내가 세상을 사는 방식이 크게 달라지지는 않으니까. 무슨 뜻인지 알겠나?"

그레이엄은 돈을 많이 버는 것에 크게 관심이 없었어요. 오히려 문학이나 예술에 대한 열정이 더 컸지요. 실제로 희곡을 써서 공연으로 유명한 브로드웨이에서 연극을 하기도 했어요. 큰 인기를 끌지는 못했지만요. 예술을 즐기듯이 주식도 하나의 즐거움이었을 뿐이지요. 라틴 어, 프랑스 어도 자유롭게 할 수 있는 능력자였고요.

"주식 투자로 버는 돈은 경제적으로 여유 있게 살 만큼이면 되네."

하지만 버핏은 달랐어요. 누가 자신의 돈을 건드리기라도 하면, 화가 잔뜩 난 강아지처럼 상대방을 공격했어요. 그 정도로 소유하고자 하는 마음이 강했어요. 돈을 버는 일에만 그런 게 아니랍니다. 돈을 쓸 때도 마찬가지였어요. 허투루 낭비하는 걸 못 견뎌했어요. 지독한 짠돌이였지요. 딸 리틀 수지, 아내와 함께 살 집을 구할 때도 짠돌이 기질을 발휘했어요. 더 싼 집을 찾아 먼 곳까지 찾아다녔으니까요. 이미 많은 돈을 가지고 있었는데도 말이에요.

언젠가는 이사 갈 집을 계약해놓고 이사 날짜가 맞지 않아서 이틀 정도 다른 집을 빌려 쓴 적이 있어요. 방이 좁아서 서랍장 한 칸을 빼내 아기 침대로 썼지요. 그런데 이 이야기가 버핏의 짠돌이 습관과 맞물려서 이상한 소문으로 퍼지기도 했답니다.

"버핏이 아이 침대 하나 사는 게 아까워서 서랍장을 침대로 썼대."

물론 사실이 아니에요. 그가 하도 돈을 아껴 쓰니까 사람들이 우스갯소리처럼 퍼뜨린 거죠.

버핏은 돈을 아껴 쓰는 습관이 배어 있었어요. 잡지를 구독할 때도 구독료를 다 내기가 아까웠어요. 그래서 시간이 지나 폐기처분될 것들을 할인된 가격에 샀어요. 한동안은 자동차를 사지 않고 이웃집에서 빌려 썼고요. 빌려 쓴 다음에는 보통 기름을 채워주는 게 도리인데, 그냥 갖다 주기 일쑤였어요. 나중에 자동차를 사고 나서는 비 오는 날에만 세차를 했답니다. 자동차에 비누칠을 해놓고 비를 맞으면서 달리면 육체노동을 하지 않아도 된다나요?

뉴욕에서의 일상은 회사에 나가 스승의 모든 것을 배우고, 투자를 하고, 집으로 돌아와 주식 관련 공부를 하는 것으로 채워졌어요. 투자 실력이 빼어나서 금세 그레이엄-뉴먼 투자 회사의 스타가 되었지요.

투자 조합을 만들고 전문 투자가가 되다

버핏의 앞날에 또 다른 변화가 놓여 있었어요. 그레이엄이 은퇴를 선언한 거예요.

"이제 남은 인생을 즐기고 싶네."

예순두 살이 된 그레이엄은 회사를 그만두었어요. 회사에서는 버핏이 남아주기를 바랐지만 그의 마음은 달랐어요. 그레이엄이 은퇴하면 더 이상 뉴욕에 머무를 필요가 없었지요.

'그레이엄이 없는 회사는 의미가 없어.'

버핏은 고향 오마하가 그립기도 했어요. 투자할 돈도 어느 정도 준비되어 있었고요. 당시 스물여섯 살이던 그는 14만 달러가 넘는 돈을 가지고 있었어요. 14만 달러는 현재 돈의 가치로 100만 달러약 11억 원가 넘는 액수예요.

버핏은 주식 중개 일은 하고 싶지 않았어요. 주식을 소개했다가 손실이 날 경우에 받는 스트레스가 싫었거든요. 남들이 이래라 저래라 간섭하는 것도 좋아하지 않았고요. 무엇보다 서른다섯 살에 백만장자가 되겠다는 꿈이 눈앞에 현실로 다가와 있었어요. 고향에 돌아온 버핏은 계획을 행동으로 옮기기 위해서 필요한 것을 생각했어요.

'나를 굳게 믿고 기다려줄 수 있는 사람하고만 투자 일을 해야겠어.'

그렇게 자신을 믿는 가족들과 친구들만 투자할 수 있는 투자 조합을 만들었지요. 투자 조합은 돈을 투자해서 이익이 나든 손해가 나든 돈을 굴리는 사람이 아니라, 본인 스스로가 책임을 지는 거예요. 투자한 사람들의 돈으로 주식을 사고팔아서 결과가 좋으면 그 이익을 낸 사람도 보상을 받지요. 그러니 돈을 굴리는 사람은 투자 조합에 투자한 사람들의 돈을 불려줄수록 자신도 더 많은 돈을 벌 수 있어요.

버핏은 자기로 인해 다른 사람들이 손해 보는 게 죽도록 싫었기 때문에 투자 조합의 규칙을 아주 신중하게 만들었어요. 4퍼센트가 넘는 수익률을 기록하면, 수익은 버핏과 투자자가 절반씩 나누기로 했어요. 만약 수익률이 4퍼센트 이하면 수익의 4분의 1만 수

//085
서른두 살에 백만장자가 되었어!

수료로 받기로 하고요. 손해가 생기면 그건 모두 버핏이 갚아야
했지요.

처음 만든 투자 조합에는 일곱 명이 참여했어요. 장인, 누나와
매형, 버핏이 정신적으로 의지했던 앨리스 고모, 와튼 스쿨 친구
척, 버핏의 총명함을 잘 아는 척의 권유로 투자한 척의 어머니. 모
두 그를 잘 알고 신뢰하는 사람들이었지요. 그래서 어떻게 되었
을까요? 당연한 이야기지만 최초로 투자 조합에 가입한 사람들은
모두 부자가 되었답니다.

버핏은 투자 조합을 만들면서 한 가지 확고한 생각을 했어요.
바로 이 투자 조합을 복리 기계로 만들겠다는 거죠. 이자나 수익
이 생기면 그 돈을 다시 원금에 합쳐서 굴리는 걸 복리라고 하잖
아요? 버핏은 어려서부터 복리 기계만이 자신을 부자로 만들어줄
수 있다는 믿음이 있었어요.

그래서 앞으로 투자 조합이 돈을 많이 벌더라도 절대 돈을 빼지
않겠다고 마음먹었어요. 돈을 조금이라도 빼는 순간, 복리 기계가
제대로 작동할 수 없기 때문이에요. 그래서 필요한 생활비는 따로
벌어야 했어요. 버핏은 1년치 생활비 만 2000달러약 1300만 원를 더
벌기 위해 투자 조합과는 별개로 투자를 했어요.

쉿! 투자 비밀주의

주변 사람이 보기에, 버핏은 특이하고 이상한 사람이지요. 대학을 마치고서도 직장을 잡지 않고 집에서 일하니까요.

"저에게 어떤 주식을 샀는지 절대 묻지 마세요."

게다가 자기에게 투자한 사람들에게 이렇게 이야기했답니다. 버핏은 1년에 딱 한 번 투자자들에게 편지를 쓰면서 투자한 주식 종목과 자신의 생각을 알렸어요. 찾아와서 투자한 주식이 뭔지 물어보면 당장 돈을 빼가라고 했지요. 그에게 투자한 사람들은 오로지 12월 31일에만 투자한 돈을 빼거나 다시 투자를 할 수 있었어요. 지나치게 비밀주의를 고집하다 보니 버핏에게 투자하지 말라는 사람까지 나타났어요.

"그 친구 1년 안에 망할 거요. 딱 1년 후면 손 털고 사라질 테니까 두고 봅시다."

어떤 사업가는 오마하의 유명한 가문 사람들과 이야기를 나누다가 이렇게 확신에 찬 말을 하기도 했지요.

집에 대한 생각도 남들과 달랐답니다. 1950년대나 지금이나 사람들은 보통 돈을 벌면 제일 먼저 가족과 함께 살 보금자리인 집을 사지요. 그런데 버핏은 돈이 많아도 절대 집을 사려고 하지 않았어요. 뉴욕에서 살 때도, 오마하로 돌아온 뒤에도 집을 빌렸어요. 아이가 둘이나 있는데도요.

짠돌이 생활은 뉴욕에서와 다름없었지요. 사무실을 따로 두지 않고 집에서 일했거든요. 주식을 사거나 팔기 위해 주문을 할 때도 집 전화를 이용했어요. 줄이 그어진 노란색 종이에 전화비까지 꼼꼼하게 기록해두었어요.

하지만 버핏도 어쩔 수 없이 집을 사게 되었답니다. 첫째 딸 리틀 수지와 첫째 아들 호위가 점점 커가고 아내가 셋째 아이를 임신하면서 더 큰 집이 필요했거든요. 3만 1500달러_{약 3500만 원}에 집을 샀는데 버핏은 탐탁해하지 않았어요. 훗날 집을 산 것을 두고 스스로 '버핏의 어리석음'이라고까지 말했어요. 만약 이 돈을 복리로 잘 운용했으면 나중에 100만 달러_{약 11억 원}가 됐을 거라고 확신했으니까요.

"결국 그 집을 사는 데 100만 달러가 든 셈이지요."

물론 아내의 생각은 달랐어요. 수지는 가족들이 살 집을 예쁘게 꾸미고 싶었어요. 버핏은 다른 사람이 돈을 낭비하면 참을 수 없었지만, 유일하게 예외가 있었어요. 누군지 알겠죠? 바로 아내였어요. 아내는 집을 현대식으로 바꾸고 밝게 꾸미는 데 힘을 쏟았어요. 만 5000달러_{약 1600만 원}를 집을 고치는 데 썼지요. 버핏의 친구는 그때를 이렇게 떠올린답니다.

"버핏은 아내가 집에 쓰는 돈 때문에 거의 죽을 지경이었어요."

그는 옷을 차려입거나 집을 꾸미는 데 전혀 관심이 없었어요. 그래서 자기 앞으로 계산서가 날아올 때마다 깜짝깜짝 놀라곤 했어요.

버핏의 일상은 매우 단순했지요. 침실을 지나면 바로 붙어 있는 작은 서재에서 일했어요. 시간도 따로 정해져 있지 않았어요. 잠옷 바람으로 좋아하는 펩시콜라를 마시고 감자칩을 먹고, 기업과 주식에 관한 자료를 쉼 없이 읽었어요. 낮에는 도서관에 가서 신문과 잡지를 읽었고요.

투자 조합이 결과가 좋아서 규모가 점점 커지고 숫자가 늘어가도 이 생활에는 변함이 없었어요. 세금 신고도 세무사나 공인 회계사를 쓰지 않고 혼자서 했지요. 아내는 돈을 좋아하는 버핏을 위해 작은 서재를 아예 달러 무늬 벽지로 도배해주었어요. 물론 그는 벽지에 전혀 관심이 없었답니다. 관심사는 오직 주식뿐이었어요.

한번은 아이들과 함께 캘리포니아로 휴가를 갔었어요. 어린이들이 가장 가고 싶어 하는 디즈니랜드에도 갔지요. 아이들은 놀이기구를 타느라 정신없이 뛰어다니며 놀았어요. 거기서 버핏은 뭘 했을까요? 맞아요, 벤치에 앉아 투자 관련 자료를 읽고 있었어요. 시끌벅적 노는 아이들과는 상관없다는 듯이요.

대공황은 왜 일어났나요?

국민 열 명 중 네 명이 일자리를 구하고 싶어도 구할 수 없다면, 어떤 일이 벌어질까요? 당장 일자리를 잃은 사람들은 식료품이나 생활필수품을 살 수 없어서 발을 동동 굴러야 할 거예요. 대출금이 있는 사람은 돈을 벌지 못해 연체 이자를 물어야 하고요. 빌린 돈을 제때 갚지 못해 내야 하는 연체 이자는 일반 이자보다 더 높기 때문에 갚아야 할 돈은 금세 눈덩이처럼 커져버릴 거예요.

사람들이 돈이 없어서 지갑을 닫으면, 장사하는 사람은 물건을 팔고 싶어도 팔

파산한 은행 앞에 모여든 뉴욕 시민들

수 없는 난처한 상황에 빠지게 돼요. 물건이 팔리지 않으니 공장에서도 더 이상 물건을 만들지 못하게 된답니다. 기업은 직원을 해고하고 나중에는 어쩔 수 없이 회사 문을 닫아야 해요.

돈이 필요한 사람은 그동안 미래를 위해 투자해놓았던 주식이나 부동산을 팔아야 할 거예요. 그런데 열 명 중 네 명이 실업자이니 팔려는 사람이 얼마나 많겠어요? 사려는 사람보다 팔려는 사람이 많아져서 주식과 부동산 가격은 계속 떨어지겠지요. 나중에는 자신이 산 가격보다 낮은 가격에 손해를 보고 팔고 싶어도 팔 수 없는 상황에 이르게 돼요.

이처럼 국민 열 명 중 네 명이 일자리가 없는 세상은 힘들고 고통스러울 거예요. 그런데 실제로 이런 일이 벌어졌어요. 바로 1929년 10월 24일에 발생한 '대공황大恐慌'이에요. 공황이란 무서울 정도로 경제가 어려운 상황을 의미해요. 앞에 '크다'는 뜻의 한자 '대大'가 붙은 이유는 공황 중에서도 가장 심각한 공황이었기 때문이지요.

대공황이 오기 전까지 주식과 부동산은 하늘 높은 줄 모르고 계속 올랐어요. 빚을 내서 주식이나 부동산을 사지 않는 사람은 바보 취급을 받았고요. 심지어 미국 플로리다 주에서는 밀물 때는 바닷물에 잠기고 썰물 때만 제 모습을 드러내는 땅도 거래가 됐을 정도였어요.

인간의 탐욕은 그리 오래가지 않았고, 주식과 부동산 가격이 폭락하면서 사람들은 공포에 사로잡혔어요. 탐욕은 비정상적으로 가격이 오르는 거품을 만들고, 공포는 끝없이 추락하는 공황을 낳아요. 감정의 동물인 인간의 행위는 경제에서도 중요한 역할을 한답니다.

버핏을
움직인 사람들

"독서 없이 자기 삶을 철저히 사는 사람은
아직 보지 못했습니다."

찰리 멍거, 버크셔 해서웨이 부회장

버핏은 어떤 결정을 내릴 때 반드시 이 사람과 상의해요. 누구일까요? 바로 평생 친구인 찰리 멍거예요. 멍거는 버크셔의 부회장이랍니다. 두 사람의 공통점은 읽기를 무척 좋아한다는 거예요. 버핏은 자신의 인생에 큰 영향을 미친 사람으로 멍거를 포함해서 세 명을 꼽아요. 여러분에게도 이런 사람이 생기겠죠?

나와 닮은 사람이 있다고?

사랑이나 우정은 인간이 느끼는 소중한 감정이지요. 누구나 인생을 살면서 사랑과 우정을 나눠요. 버핏도 여러 친구들과 함께 우정을 나누고 그 관계를 오랫동안 유지했어요. 그 중에서 빼놓을 수 없는 사람이 찰리 멍거Charlie Munger예요. 멍거는 버핏이 회장으로 있는 투자 회사 버크셔의 부회장이랍니다. 버핏의 파트너이자 조언자이고 동지이기도 하지요.

"멍거 아저씨는 아버지의 복제 인간이에요."

버핏의 딸 수지 주니어가 한 말이에요. 정말일까요? 버핏은 모든 일을 독립적으로 생각하고 결정했는데, 단 하나의 예외가 있다면 바로 멍거였어요.

"멍거는 지긋지긋하게 말을 듣지 않는 사람이에요. 허허허."

버핏은 멍거에 대해 이렇게 말하지요. 하지만 멍거의 말을 그 누구의 이야기보다 귀담아 들어요. 멍거는 남의 눈치를 보지 않고 소신껏 말하니까요.

세상의 모든 운명적인 만남이 그러하듯 이 둘의 만남도 우연히 찾아왔어요. 두 사람은 처음 만나자마자 서로를 단박에 알아보았답니다. 마치 불꽃이 확 일어나는 것처럼 말이에요.

1959년 여름 어느 금요일. 버핏은 자신의 투자 조합에 참여한

닐 데이비스, 리 시먼과 함께 점심을 먹고 있었어요. 두 사람은 처남 매형 사이였는데, 의사인 닐의 아버지 에디 데이비스 박사를 만나게 해주었지요. 데이비스 박사도 아들과 함께 버핏의 투자 조합에 참여하고 있었어요. 데이비스 박사는 상고머리를 한 스물아홉 살 청년 버핏을 만난 자리에서 이렇게 말했어요.

"당신을 보니 멍거가 생각나는군요."

당시 버핏은 사고 싶은 주식이 너무 많아서 많은 투자자를 조합에 참여시키고 싶어 했어요. 데이비스 박사뿐 아니라, 자금을 받기 위해 오마하 지역의 의사들을 많이 만나고 다녔지요. 그런데 데이비스 박사는 다른 사람들과 달리 큰 고민 없이 투자 결정을 내리는 거예요. 버핏은 그 이유가 궁금했어요.

"그렇게 빨리 투자를 결정하신 이유가 있나요?"

"멍거와 많이 닮아서 그랬습니다."

버핏은 멍거라는 사람이 무척 궁금했어요.

'도대체 누구길래 나랑 닮았다는 거지?'

그런데 멍거는 오마하에서 오랫동안 식료품점을 했던 버핏 집안을 잘 알고 있었어요. 단 한 명, 워런 버핏만 빼고요. 참 재미있는 일이에요. 멍거는 한때 버핏의 할아버지가 운영하는 버핏 앤드 선 식료품점에서 토요일마다 일했거든요.

사실 멍거는 버핏에 대해 별 다른 기대를 하지 않았어요. 멍거

버핏의 투자 파트너이자 평생 친구인 멍거

는 기대가 크면 실망도 크다고 생각해요. 괜히 기대했다가 실망하느니 처음부터 기대 같은 건 하지 않는 게 좋다는 거죠. 두꺼운 안경에 고집불통같이 생긴 멍거는 남의 이야기를 듣기보다 설교하기를 좋아했어요. 남의 이야기는 대부분 별로 들을 가치가 없다고 여겼지요. 버핏이라고 예외가 될 순 없었죠.

평생의 친구이자 동지, 찰리 멍거

멍거의 직업은 변호사였어요. 할아버지는 판사를 지냈고, 아버지도 법조계에서 일했어요. 하지만 돈에는 크게 관심이 없었지요. 경제적으로 넉넉한 편도 아니었어요. 집안 분위기는 배움을 중시했고요. 어려서부터 책 읽는 것을 좋아했고, 이 습관이 평생 이어져 지독한 독서광으로 소문나 있어요. 멍거는 독서에 대해 이렇게 생각한답니다.

"독서 없이 자기 삶을 철저히 사는 사람은 아직 보지 못했어요."

이런 점은 버핏과 매우 닮았지요. 멍거는 손자 손녀들이 주위에서 아무리 시끄럽게 떠들어도 소파에 몸을 깊숙이 누이고는 두터운 안경을 쓰고 독서삼매경에 빠져들 정도로 독서가 삶의 일부인 사람이에요. 단 하루도 빼놓지 않고 책을 읽는 엄청난 책벌레라고 해요.

멍거는 대학에서 수학을 전공했습니다. 대학을 다닐 때 제2차 세계대전이 일어났고요. 일본이 미국 하와이의 진주만을 공습하자 군대에 입대해버렸어요. 전쟁이 끝난 뒤에는 하버드 대학교 로스쿨에 진학해 변호사가 되었지요.

멍거는 할아버지나 아버지와 달리 돈을 벌고 싶어 했어요. 돈을 벌기 위해서는 작은 도시 오마하를 떠나 더 기회가 많은 도시에서 일해야 한다고 생각했답니다.

'어떤 도시가 좋을까. 너무 크거나 이미 성장해서 상류층으로 진입할 수 있는 장벽이 높은 도시는 빼야겠어.'

그가 선택한 도시는 로스엔젤레스였어요. 스무 살에 결혼한 아내의 고향이기도 해서 무척 마음에 들었어요. 거기서 멍거는 변호사로 성공을 거두었답니다. 하지만 삶은 불행의 연속이었어요. 첫 번째 아내 낸시와 이혼을 했어요. 결혼할 당시 멍거는 스무 살, 낸시는 열아홉 살이었지요.

둘은 성격이 판이하게 달랐고, 8년 내내 부부싸움을 하다 서로에게 지쳐 이혼을 하게 되었어요. 당시 미국에서는 이혼하는 사람은 문제가 있는 것으로 취급 받았어요. 시대 분위기가 그랬지요. 멍거는 아이들을 생각해서 이혼한 뒤에도 낸시와 별 다른 문제없이 지내려고 노력했어요. 토요일마다 아이들과 지내면서 좋은 아빠가 되기 위해 많은 애정을 기울였지요.

그런데 두 사람이 이혼한 지 1년도 되지 않아 여덟 살 난 아들 테디가 백혈병이라는 진단을 받았어요. 아이들을 유난히 사랑했던 멍거는 하늘이 무너지는 심정이었어요.

"죄송합니다. 치료가 어렵겠습니다."

테디를 살리기 위해 낸시와 함께 여기저기 병원을 돌아다녔지만 매번 이런 말을 들어야 했어요. 멍거는 고통 속에 죽어가는 아들의 모습을 보며 심장이 터질 듯한 아픔을 느껴야 했답니다. 이혼과 뒤이은 아들의 죽음. 그래요, 이 두 사건은 멍거의 인생에 커다란 영향을 미쳤어요. 남에게 큰 기대를 하지 않는 것도 이때의 경험 때문이에요.

아닌 건 아니라고 말해주는 친구

버핏과 멍거의 첫 만남에는 데이비스 박사 부부와 시먼 부부가 함께했어요. 두 사람을 소개시키기 위해서였지요. 군인 스타일로 머리를 짧게 깎은 버핏의 모습은 그리 인상적이지 않았어요. 멍거는 로스앤젤레스에서 나름대로 성공한 변호사였거든요.

"할아버지가 운영하시던 식료품점 이름이 버핏 앤드 선 맞죠? 제가 거기서 노예처럼 일한 적이 있어요."

멍거의 말은 진짜 노예처럼 부려 먹었다는 이야기가 아니라 일을 많이 했다는 뜻이에요. 처음 만난 사람이 대부분 그렇듯 두 사람은 의례적인 말로 인사를 나눴어요. 그러다 주식 이야기가 나오자 갑자기 분위기가 확 바뀌는 게 아니겠어요? 그때부터 데이비스 박사 부부와 시먼 부부는 말 한 마디 못하고 방청객처럼 앉아 있어야 했어요.

버핏이 투자와 자신의 스승인 그레이엄에 대해 이야기할 때는 더 특별했지요. 그 이야기를 듣는 멍거의 눈빛은 마치 황홀경에 빠진 것처럼 빛나고 있었어요. 버핏이 관심 있는 회사의 주식에 대해 말하기 시작했는데, 마침 멍거도 아는 회사였어요. 멍거는 그가 그 회사의 상황에 대해 정확하게 이야기하는 것을 듣고 깜짝 놀랐어요. 대화가 한참 오간 뒤에 멍거는 버핏에게 물었어요.

"당신이 전문적으로 하는 게 뭡니까?"

"투자 조합을 만들었습니다. 투자 성과는 아주 좋았고요. 투자한 사람들 모두 신이 났으니까요."

버핏은 자기의 성공 스토리를 늘어놓았어요. 그 이야기를 잠자코 듣던 멍거가 다시 질문을 던졌답니다.

"그런 걸 내가 캘리포니아에서 할 수 있을까요?"

변호사가 투자 조합에 들어오겠다는 건 조금 생뚱맞은 일이었는데도 버핏은 확신을 갖고 말했어요.

"자신 있게 말하지만, 할 수 있습니다."

그가 처음 만난 사람에게 이렇게 확신을 갖고 대답하는 일은 거의 없어요. 투자에 관한 한 차가운 이성과 논리를 가진 사람이니까요. 그런데 대체 무슨 일이었을까요?

둘의 이야기는 끝없이 이어졌고, 데이비스 박사 부부와 시먼 부부는 식사를 마치고 자리에서 일어났어요. 가면서 뒤를 돌아보니 두 사람은 여전히 진지하게 대화를 나누고 있었답니다. 마치 비둘기 두 마리가 머리를 맞대고 연신 먹이를 쪼아 먹듯이요.

의기투합한 두 사람은 며칠 뒤 아내들과 함께 저녁 식사를 같이 했어요. 이런 모습은 전형적인 버핏의 방식이에요. 좋아하는 사람이 있으면 대개 아내와 함께 식사를 했어요. 멍거 부부는 로스앤젤레스로 떠났지만 두 사람의 만남은 계속 이어졌지요. 전화로 말이에요. 한 번 통화했다 하면 두 시간은 기본이었어요.

버핏과 멍거는 취미나 성격이 달랐답니다. 정치적 입장도 갈렸지요. 멍거는 공화당을, 버핏은 민주당을 지지했어요. 멍거는 낚시를 좋아하지만 버핏은 관심이 없어요. 버핏이 한번은 멍거와 함께 배를 타고 낚시를 나갔는데, 배가 엎어져서 물에 빠지고 말았어요. 그 뒤로 다시는 보트 낚시를 가지 않았지요. 그런데 이상하게도 투자에서만큼은 둘은 일심동체였답니다.

"나와 멍거는 돼지 세 마리가 꿀꿀거리는 돼지우리에서도 네 쪽이나 되는 메모를 전화 상으로 처리할 수 있어요."

버핏의 농담이에요. 아무리 혼잡한 상황이라도 서로 생각을 나눌 수 있다는 뜻이지요.

버핏은 자신의 인생에 큰 영향을 미친 사람으로 세 명을 꼽아요. 첫째는 아버지예요. 아버지에게 삶의 태도와 인생관을 배웠습니다. 둘째는 스승인 그레이엄 교수예요. 그레이엄에게 투자 철학을 배웠지요. 그리고 마지막 인물이 멍거예요. 멍거는 버핏의 동반자이자 파트너이고 아닌 건 아니라고 하는 사람이에요. 버핏은 어떤 결정을 내릴 때 어려움이 있으면 반드시 멍거와 상의한답니다.

"멍거는 제가 하는 일이 어처구니없다고 말해요. 멍거가 그렇게 말하면 저도 그렇다고 여기지요."

아버지를 떠나보내며

버핏이 만든 투자 조합은 높은 투자 수익으로 성공 가도를 달렸어요. 투자 조합이 열한 개로 늘어나자 더욱 바빠졌지요. 너무 투자에만 시간을 쏟아서 주위 사람들은 불만이 많았어요. 친구들은 그가 돈에만 집착하고 가족은 돌보지 않는다고 핀잔을 주었어요.

"버핏, 걔들은 자네 아이들이잖아. 걔들이 누군지 알고는 있지?"

그래도 그는 자신의 일에만 집중했어요. 아침 식탁에서도 실내

복 차림으로 말없이 경제 신문《월스트리트 저널》을 읽었어요. 버핏은 여행을 하거나 해외에 나가더라도 반드시 신문을 읽어야 하는 사람이에요.

투자 조합 열한 개를 합쳐 한 개로 만들었을 때, 이미 버핏은 백만장자가 되어 있었어요. 서른다섯 살에 백만장자가 될 거라고 호언장담했는데, 허튼소리가 아니었다는 게 증명된 거죠. 무려 3년이나 빨리 백만장자가 됐거든요.

그리고 또 하나의 소원이 실현됐어요. 가장 존경하고 사랑하는 아버지와 함께 한 공간에서 일하게 된 거예요. 버핏은 늘 아버지와 함께 일하고 싶어 했어요. 드디어 그 꿈이 이뤄진 거죠. 꿈은 이루었지만 어쩐지 버핏의 마음속에 무겁고 어두운 그늘이 자리 잡기 시작했어요.

아버지가 결장암에 걸렸습니다. 아버지는 18개월 동안 원인 모를 통증에 시달렸어요. 여러 병원을 다녔지만 원인을 찾지 못했어요. 그러다 결장암 진단을 받고 당장 수술에 들어가야 한다는 청천벽력 같은 이야기를 듣게 되지요. 버핏은 화가 머리끝까지 치밀어 올랐어요. 결장암이라는 진단보다도 그동안 의사들이 보여준 꾸물거렸던 행동을 도저히 참을 수가 없었어요.

버핏은 아픔에 민감한 사람이에요. 그래서 병원에 가는 것을 극도로 싫어했어요. 가장 사랑하는 아버지가 18개월 동안 꾸물거리는 의사들 때문에 병의 원인도 제대로 모르고 고생한 걸 생각하면, 분노가 끓어오르는 걸 참을 수 없었어요.

아내는 버핏의 이런 성격을 잘 알고 있었기에 아버지의 병세를 알려주지 않았어요. 조금이라도 아버지의 건강이 좋지 않다는 이야기를 들으면 얼굴이 금세 어두워졌거든요. 아내는 버핏을 위로하고 모든 집안일이 평소처럼 돌아가도록 신경 써주었어요. 그는 아버지의 병환을 잊기 위해 더욱더 일에 매달렸어요.

아버지가 암에 걸린 뒤 버핏은 집안의 어른 역할을 해야 했어요. 아버지의 유언장도 썼지요. 아버지의 재산은 자신은 빼고 누나와 동생에게 모두 돌아가도록 했어요. 원래 아버지는 그에게 18만 달러약 2억 원를 물려주려고 했답니다. 그런데 이미 버핏은 상당한 재산가였고, 그 정도의 돈은 얼마든지 더 벌 수 있었기 때문에 자신은 유산을 받아서는 안 된다고 생각했어요.

아버지를 돌보는 일은 아내의 몫이었지요. 아내는 아이들이 할아버지와 마지막 시간을 잘 보낼 수 있도록 배려하는 현명한 사람이었어요.

하지만 아버지의 죽음은 서서히 다가오고 있었습니다. 어느 날, 딸 리틀 수지와 첫째 아들 호위, 둘째 아들 피터가 식탁에 있는데 버핏이 우울한 표정으로 들어왔어요. 얼굴에는 어느 때보다 깊고 무거운 슬픔이 담겨 있었지요.

"아빠는 지금 할아버지 집에 간단다."

"왜요, 아빠?"

"할아버지께서 오늘 돌아가셨어······."

버핏은 말을 끝까지 잇지 못하고 뒷문을 통해 밖으로 나갔어요. 어깨가 땅속으로 끌어당겨지는 것처럼 무겁게 눌려 있었지요. 장례식은 아내가 도맡았어요. 버핏은 침묵의 세계로 들어갔습니다. 아내는 버핏이 침묵을 깨고 나와 감정을 표현하기를 바랐지만 침묵으로 일관했어요. 오히려 아버지의 죽음을 받아들이려 하지 않았어요.

수지가 주문한 아버지의 관이 비싸다며 말다툼을 벌이기도 했지요. 절약을 강조하면서 말이에요. 장례식 때도 내내 말이 없었어요. 아버지의 투병 기간 동안 사놓은 아메리칸 익스프레스의 주가가 크게 올랐지만, 버핏의 마음은 무거운 추를 단 것처럼 아래로만 내려갔어요.

버핏은 침묵으로 무장한 채 어떤 감정도 드러내지 않으려 했답니다. 다만 아버지의 사진을 책상 뒷벽에다 걸어놓는 것으로 자신의 감정을 표현했어요. 장례식이 끝난 뒤 몇 주가 흐른 어느 날이었어요. 버핏의 머리 양쪽에 머리카락이 동그란 모양으로 빠졌어요. 원형탈모증이었어요. 아버지의 죽음이 남긴 흔적이었습니다.

버핏은 공개적으로 이야기하지 않았지만 아버지의 죽음을 오랫

동안 받아들이지 못했어요. 아버지가 돌아가시고 나서도 35년 동안 아버지의 대형 초상화를 벽에 걸어두고 늘 자신과 함께 있다고 생각했지요. 아버지가 쓰던 서류는 모두 지하실에 고이 모셔두고 손도 대지 않았어요. 아버지의 물건을 정리한다는 생각조차 끔찍하게 여겼거든요. 아버지는 떠났지만 버핏은 늘 아버지와 함께 있었던 거예요.

버크서 해서웨이를
투자 회사로 키우다

"증시에서 고객은 타자입니다.

시장은 매일 고객에게 100가지나 되는 공을 던지지만,

고객은 자신이 좋아하는 공이 올 때까지 기다려야 합니다.

절대로 방망이를 미리 휘두르면 안 됩니다.

이것이 버크서의 미학입니다."

워런 버핏

버핏은 마법 같은 투자로 직물 회사였던 버크서를 거대한 투자 회사로 만들었어요. 작은 도시 오마하에서 혼자 투자 조합을 만들어 투자하는 사람에서, 유명한 '투자의 지존'이 된 거예요. 15년 만에 투자 분야에서 전 세계적으로 인정을 받게 된 거죠. 축하해요, 버핏!

돈을 만들어내는 기계

버핏의 공식 직함은 버크셔의 최고경영자CEO이자 회장이에요. 이 회사는 코카콜라, 신문사《워싱턴 포스트》, 생활용품 회사 P&G, 카드 회사 아메리카 익스프레스, 가구 회사 네브래스카 퍼니처, 보험 회사 가이코와 제너럴 리, 보석 가게 보세임 등 수많은 기업의 주식에 투자하고 있어요. 세계 최대의 투자 회사지요.

버크셔의 주식은 가격이 엄청나게 비싸요. 한 주당 가격은 약 16만 달러, 우리 돈으로 1억 7000만 원이 넘어요. 100주만 가지고 있어도 100억 원이 넘지요.

버핏이 처음 투자 조합을 만들 때 참여했던 사람들은 단지 그에게 돈을 맡겼다는 이유 하나만으로 큰 부자가 되었어요. 도널드 오스머 교수와 전직 교사였던 아내 밀드레드 오스머는 1960년대 초에 버핏에게 각각 2만 5000달러약 2700만 원를 투자했지요. 그리고 1970년 버핏이 투자 조합을 해산할 때는 한 주당 42달러에 버크셔 주식 7500주를 받았어요. 이후 버크셔의 주식이 계속 오르면서 이들 부부는 엄청난 부자가 되었답니다. 자식이 없었던 이들은 이 돈을 모두 대학과 병원에 기부했어요.

"오스머 부부는 자신들의 재산이 사회에 유익하게 쓰이기를 바라는 이상이 높고 선한 사람들입니다."

서른두 살에 백만장자가 되었어!

버핏은 이 부부가 사망하자 이렇게 진심 어린 헌사를 했어요.

친구 댄 모넨도 재산 대부분을 버크셔의 주식에 묻어두었지요. 댄도 오스머 부부와 마찬가지로 버핏 덕분에 번 돈을 사회에 어떻게 기부할까 고민하고 있다고 해요. 대학 동창인 척도 평생 버크셔의 주식을 가지고 있었어요. 돈이 생길 때마다 버크셔의 주식을 사들인 거죠. 척은 돈을 번 뒤 아내와 함께 세계여행을 다니며 여유로운 생활을 했어요.

초기에 버핏에게 투자한 사람의 수는, 정확하지 않지만 대략 100명이 넘는 것으로 알려져 있어요. 투자 조합에 참여하지 못했어도 버크셔의 주식을 산 사람까지 포함하면, 그는 자신의 투자 실력으로 많은 사람을 부자로 만들어주었지요. 버크셔는 주식을 가진 사람들 입장에서 보면 돈을 만들어내는 기계였답니다.

그런데 재미있는 점은, 세계에서 가장 비싼 버크셔라는 회사는 사실 버핏의 투자 인생에서 가장 큰 실패를 안겨준 회사였다는 사실이에요. 버크셔의 주식에 관심을 갖기 시작한 건 아버지의 죽음으로 인한 스트레스로 생긴 탈모증이 거의 다 나아갈 무렵이었어요. 1962년의 일이지요. 버핏은 한 주당 7.5달러에 이 주식을 사들였어요. 이 회사의 주가가 2013년 5월 현재 16만 달러가 넘으니 약 40년 동안 무려 120만 배가 오른 거죠.

정직이 가장 중요한 덕목

매사추세츠 주의 뉴베드포드에 있는 버크셔는 양복 안감을 만드는 직물 회사였어요. 뉴베드포드는 고래잡이가 허용되던 19세기까지는 향유고래를 잡는 포경선 덕분에 크게 번성한 도시였지요. 그런데 지나친 포획으로 향유고래의 수가 줄어들었어요. 게다가 펜실베이니아에서 석유가 발견되면서 등불에 사용하는 고래 기름이 더는 필요 없게 되었답니다. 도시는 점차 쇠퇴했어요.

그래서 1888년에 중국과 차 무역을 하던 호레이쇼 헤서웨이가 동업자를 모아 직물 회사를 만들었는데, 그게 바로 버크셔예요. 버크셔는 뉴베드포드에서 가장 큰 회사였고, 가장 많은 사람의 일자리를 책임지고 있는 회사였어요. 버크셔는 경영상 큰 어려움을 겪게 된답니다. 임금이 낮은 외국에서 값싼 직물이 수입되다 보니 가격 경쟁력을 잃었지요. 공장을 자동화하기 위해서도 계속 투자를 해야 해서 갈수록 회사 사정이 나빠졌어요.

버핏은 투자를 하면 되도록 그 회사의 경영자를 만나는 편이에요. 그때도 버크셔의 경영진을 만났어요. 당시 최고경영자였던 시베리 스탠턴은 버핏이 주식을 사들이자 자기도 여러 차례 주식을 사들였어요. 주식회사에서는 주식을 많이 가질수록 영향력이 크기 때문에 버핏의 영향력을 의식한 거죠. 그래서 같이 주식을 사들이다가 이렇게 제안했어요.

"버크셔의 주식을 나에게 파는 게 어떻소?"

"지금 9~10달러에 거래되고 있으니 11.5달러면 팔겠습니다."

버핏은 대답했어요. 그런데 나중에 스탠턴이 약속을 지키지 않는 거예요. 말을 바꿔서 12.5퍼센트가 싼 11.375달러에 사겠다는 거 아니겠어요? 버핏은 화가 머리끝까지 치밀어 올랐어요.

"정말 화가 많이 났습니다. 이 친구는 나하고 악수하며 잘해보자고 해놓고선 0.125달러를 더 깎으려 했던 겁니다."

버핏은 약속과 신용을 생명처럼 여기는 사람이에요. 정직하지 않다는 말을 듣는 걸 매우 싫어한 것처럼 남들도 정직해야 한다고 생각했어요.

예전에 스승 그레이엄의 부인 에스티도 버핏에게 투자를 했어요. 버핏은 그레이엄의 제자 가운데 가장 뛰어나고 똑똑한 투자가였거든요. 하루는 누가 에스티에게 그에 대해 물어본 적이 있어요.

"에스티, 그 사람이 똑똑한 건 알겠어. 그런데 제일 궁금한 점은 그 사람이 정직한가 하는 거야."

"절대적이에요. 100퍼센트 믿어요."

에스티는 이렇게 답했답니다.

버크서의 주식을 사들이다

스탠턴의 부정직함에 화가 난 버핏은 버크서의 주식을 모두 사들이기로 마음먹었어요. 그리고 누가 이 회사의 주식을 가지고 있는지 철저히 조사하기 시작했어요. 그런데 컬럼비아 대학교 경영대학원 시절부터 친구였던 잭 알렉산더가 이 주식을 가지고 있는 게 아니겠어요? 잭이 이 주식을 산 이유는 단지 버핏이 이 주식을 샀기 때문이에요. 이것만 봐도 주변 사람들이 그의 투자 실력을 얼마나 신뢰했는지 알 수 있겠지요? 버핏은 잭과 다른 친구들이 자기를 따라 주식을 산다는 이야기를 듣고는 펄쩍 뛰었어요.

"자네들은 내 옷자락을 잡고 묻어가고 있잖아. 그건 옳지 않아! 당장 관둬!"

친구들은 버핏의 반응에 당황했어요. 사실 주식을 따라 사는 게 도덕적으로 잘못된 일은 아니었거든요.

"나는 자네들보다 그 주식이 더 절실하게 필요하단 말이야!"

친구들은 아마 버핏이 아닌 다른 사람이었다면 이런 반응에 오히려 맞대응을 했을 거예요. 그런데 버크서의 주식을 원하는 사람이 버핏이라면 이야기가 달라지죠. 친구들은 요구에 순순히 응했어요. 주식의 가격을 더 받지도 않고, 거래되는 가격으로 팔았지요. 버핏의 친구들은 그가 종종 이런 식으로 주식을 요구하면, 군

말 없이 넘겨주었어요.

'뎀스터 밀 매뉴팩처링'이라는 풍차 회사의 주식을 샀을 때였어요. 스승 그레이엄의 회사에서 같이 일했던 월터 슐로스, 톰 냅과 함께 이 주식을 샀어요. 버핏은 나중에 이 회사의 주식을 더 많이 갖고 싶어졌고, 뉴욕에 있는 슐로스에게 전화를 걸었지요.

"슐로스, 나에게 주식을 파십시오."

"깜짝이야. 글쎄, 하지만 팔기 싫은데? 알잖나. 거기 괜찮은 회사인데……."

"나 지금 여기에 완전히 매달려 있어. 가지고 있는 주식을 나한테 다 넘겨줘요."

"이봐 버핏. 그래, 자넨 친구니까…… 정 원한다면 가져가게."

잭이나 슐로스 같은 친구들이 주식을 넘겨준 건 버핏이 정직한 사람이었기 때문이에요. 자신이 원하는 주식은 반드시 손에 넣고야 만다는 걸 잘 알기 때문이기도 했지요. 결국 3년 뒤 버핏은 버크셔의 경영권을 장악하게 되었답니다.

버핏의 어리석음?

헐값에 버크셔를 인수했지만 결국 이 회사는 골치 덩어리가 되었어요. 회사 사정이 계속 나빠졌거든요. 회사는 계속 손실을 봤어요. 손실은 버핏이 투자를 해서 번 돈으로 메워나갔어요. 보통 어떤 회사의 사업 부문이 계속 손해를 끼치면, 사업을 포기하거나 다른 회사에 팔아버려요. 그런데 그는 20년 동안 직물 사업을 유지했답니다. 천하의 버핏이 손해 보는 장사를 한 거예요.

하지만 버핏도 더는 직물 사업을 유지할 수 없다고 판단했어요. 1985년의 일이지요. 버크셔 직물 공장의 기계가 멈추는 날, 버크셔의 주가는 한 주당 2600달러였어요. 버핏이 사들인 주식의 평균 가격이 11달러였으니 230배나 오른 거죠. 이렇게 주가가 오른 건 그가 투자를 해서 회사의 돈을 불려놓았기 때문이에요.

그런데 버핏은 왜 손해 보는 사업을 20년 동안이나 그대로 유지했을까요?

버크셔를 끝까지 포기하지 않은 이유

버크셔의 경영권을 손에 넣기 전, 뎀스터 밀 매뉴팩처링의 주식을 샀을 때였어요. 주가가 싸서 일단 사기는 했는데, 자세히 회사를 조사해봤더니 문제가 한 둘이 아니었어요. 물건이 팔리지 않아서 창고에 가득 쌓여 있었고, 파산할지도 모른다는 흉흉한 소문이 나돌았지요. 버핏은 멍거와 만난 자리에서 이렇게 털어놓았어요.

"이 회사 때문에 미칠 지경이야. 뎀스터 밀을 어떻게든 경영해야 하는데, 재고는 계속 쌓여 가고……."

버핏은 마음고생을 단단히 하고 있었어요. 회사가 이런 지경에 내몰리면, 어쩔 수 없이 직원 숫자를 줄이고 창고에 쌓여 있는 물건을 싼 가격에 팔아야 해요. 버핏은 직원을 내보내는 일을 끔찍이 싫어했답니다. 남들과 얼굴 붉히는 것을 꺼려했어요. 피하고 싶었지만 더는 그럴 수 없는 상황에 이르고 말았어요.

그래서 해리 보틀이라는 기업 회생 전문가를 고용해서 일을 맡겼어요. 기업 회생 전문가는 회사가 망하지 않도록 직원들을 해고해서 비용을 줄이고, 재고를 싸게 팔아서 회사를 정상화하는 사람이에요. 이 과정에서 100명의 직원이 회사를 떠나게 됐지요. 회사는 정상으로 돌아왔어요.

버핏은 회사가 정상화되자 이 회사를 다른 곳에 팔기 위해 경제 신문 《월스트리트 저널》에 광고를 냈어요. 그러자 비어트리스 지역이 발칵 뒤집어졌어요. 새로운 사장이 나타나서 직원들을 무더기로 잘라버리거나, 회사를 쪼개서 싸게 팔고 공장을 없애버릴 거라는 두려움이 퍼져나갔거든요. 이 회사는 비어트리스 지역에서 가장 큰 회사였지요.

두려움은 삽시간에 지역 전체로 퍼졌어요. 비어트리스 주민들은 피켓을 들고 시위를 하기 시작했어요. 버핏은 이때 큰 충격을 받았습니다. 망해가는 회사를 살려놓았는데, 자기를 이렇게 미워하고 증오할 줄은 상상도 못했으니까요.

지역 주민들은 뎀스터 밀을 비어트리스에 남겨두기 위해 돈을 모으기 시작했어요. 신문에도 회사를 지키자는 기사를 연달아 내보냈어요. 지역 주민들과 창업자의 손자인 찰스 뎀스터는 공장을 계속 가동하겠다는 서약을 받으러 다녔지요. 결국 서약서에 사인한 투자자들을 모아 회사를 넘겨받았어요. 이날 마이크를 잡은 비어트리스 시장은 공개적으로 선언했답니다.

"우리가 버핏을 물리쳤습니다!"

불명예스럽게 신문에 오르내려서는 안 된다는 아버지의 가르침을 항상 마음속에 담고 있던 버핏에게는 악몽 같은 일이었어요. 평생토록 잊지 못할 끔찍한 경험이었지요. 버핏은 지역 주민 전체에게 미움을 받는다는 생각에 의기소침해졌어요. 그래서 자신이 갖고 있던 주식을 슐로스에게 팔기 위해 연락을 했어요.

"얼마를 원하는데?"

"지금 내가 가지고 있는 가격으로요."

"오케이 그럽시다."

슐로스는 두말하지 않고 버핏의 제안대로 했어요. 주식의 가격을 물어보지도 않았답니다. 보통 이럴 때는 가격을 물어본 뒤에 조사를 하고 협상해요. 그런데 슐로스는 그냥 버핏이 하자는 대로 한 거예요. 그를 믿었기 때문이에요.

뎀스터 밀은 버핏에게 아픈 경험을 남겼어요. 그래서 버크셔가 손해를 보고 있어도 직물 사업을 쉽게 포기하지 않았던 거예요.

> 저는 섬유 산업에 종사하는 사람들을 좋아합니다. 그들은 어려운 상황에서도 성과를 올리려고 열심히 일해왔지요. 실적이 좋지 않더라도 현재 수준을 유지할 수 있다면 섬유 사업을 계속하고 싶습니다.
>
> – 버핏이 투자 조합원들에게 보내는 보고서 중에서

하지만 버핏의 의지에도 불구하고 더 이상 어쩔 수 없는 상황에 이르게 되었습니다. 직물 사업을 접어야 할 때가 온 거죠. 마침내 버크셔는 순수한 투자 회사가 된 거예요.

"버크셔는 '버핏의 어리석음'이자 저의 '값비싼 실수'입니다."

유명 인사가 되다

버핏은 투자 분야의 살아 있는 전설로 인정받고 있지만, 1970년만 해도 거의 이름이 알려지지 않았어요. 작은 도시 오마하에서 혼자 투자 조합을 만들어 투자하는 사람이었을 뿐이에요. 1956년, 주변 사람들에게 10만 5000달러약 1억 1500만 원를 끌어 모아 투자 조합을 만들었지요. 그리고 1969년에는 1억 5000만 달러_{약 1650억 원} 규모로 키워냈어요. 하지만 다른 지역 사람들은 버핏을 전혀 몰랐어요.

버핏이 유명 인사가 된 건 언론인이자 투자가인 애덤 스미스_{Adam Smith} 덕분이랍니다. 그가 쓴 『슈퍼 머니_{Super Money}』라는 책에 소개가 되었거든요. 이 책이 엄청난 베스트셀러가 되면서 버핏은 하루아침에 굉장히 유명해졌어요.

스미스는 이전에 『머니 게임_{Money Game}』이라는 책에서 버핏의 스승 그레이엄을 '증권 애널리스트_{분석가}의 지존'이라고 소개했어요. '전문가 중에서도 유일한 전문가'라고 극찬했지요. 이 책을 읽은 그레이엄은 스미스에게 자신을 그렇게 높게 평가해준 데 대해 감사의 편지를 썼어요. 이 편지를 계기로 두 사람은 편지를 주고받으면서 연락하는 사이가 됐어요.

그레이엄은 '월스트리트의 성경'이라 불리는 책 『현명한 투자자』의 개정판을 내려고 했어요. 개정판 서문을 쓸 사람으로 두 사람을 생각하고 있었지요.

"함께 일하고 싶은 사람이 딱 두 명 있습니다. 한 명은 당신_{애덤 스미스}이고, 다른 한 명은 워런 버핏이에요."

그러자 스미스가 얼른 물었어요.

"워런 버핏이 누구입니까?"

버핏(왼쪽)은 오바마 미국 대통령(오른쪽)이 백악관에 초청할 정도로 유명해졌어요.

버핏을 유명 인사로 만든 책 『슈퍼 머니』 표지

스미스는 그 이름을 한 번도 들어본 적이 없었어요. 스미스는 언론과 투자 분야에서 일을 했기 때문에 뛰어난 투자가들의 이름을 대부분 알고 있었는데도요. 버핏은 전혀 생소한 인물이었지요.

그레이엄은 버핏을 만나라는 재촉을 여러 번 했습니다. 하지만 스미스는 직장을 옮긴 지 얼마 되지 않아서 선뜻 그 제안을 받아들일 수 없었어요. 그레이엄은 계속 재촉했고, 드디어 스미스와 버핏이 만나게 되었답니다. 나중에는 스미스가 오마하로 날아가 저녁에는 같이 스테이크를 먹고, 아침에는 베이컨과 계란에 감자를 곁들어 먹으며 대화를 나누었지요. 둘은 금세 친해졌어요.

스미스는 버핏이 어린 시절부터 핀볼 사업을 해서 돈을 벌고, 그레이엄 밑에서 공부하기 위해 컬럼비아 대학교 경영대학원에 진학한 개인적인 이야기부터, 투자 조합을 13년간 운용하면서 한 해도 손해 보지 않고 연평균 31퍼센트라는 빼어난 투자 실적을 올렸다는 이야기를『슈퍼 머니』에 썼어요. 이 책에서 스미스는 그레이엄과 버핏을 '투자의 지존'으로 소개했어요.

『슈퍼 머니』는 백만 부 이상 팔렸답니다. 엄청나죠? 금융 관련 책으로는 드물게 굉장한 베스트셀러가 되었답니다. 드디어 버핏은 15년 만에 투자 분야에서 공식적으로 인정을 받았어요. 이제 우리가 아는 그 유명한 '워런 버핏'이 된 거예요!

서른두 살에 백만장자가 되었어!

가장 잘 아는
분야를 찾아라

"인생에서 성공하는 가장 중요한 요소가 무엇이라고 생각하십니까?"

"집중력이라고 생각합니다."

"저와 같은 생각이시네요. 저도 집중이 가장 중요하다고 봅니다."

성공에 대한 워런 버핏과 빌 게이츠의 대답

잘 아는 분야만 투자한다! 버핏이 평생 지켜온 투자 원칙이에요. 버핏이 가장 잘 아는 분야는 무엇이었을까요? 바로 신문이에요. 마침내 신문 배달 소년에서 신문왕이 된 거죠. ≪워싱턴 포스트≫의 발행인 캐서린 그레이엄과는 둘도 없는 친구가 되었고요. 그리고 세대차를 뛰어넘는 또 한 명의 친구가 생겼어요. 우리가 잘 아는 빌 게이츠예요.

모르는 분야는 투자하지 않는다

버핏은 자신이 잘 아는 분야만 투자한다는 투자 철학을 가지고 있어요. 아무리 유망한 사업이라도 자기가 잘 모르면 투자하지 않지요. 버핏은 그리넬 대학교의 이사회 멤버였는데, 어느 날 동료 이사인 밥 노이스가 하는 이야기를 들었어요.

"이제 회사를 떠나야겠어요. 그만둘 때가 된 것 같아요."

노이스는 반도체를 세계 최초로 만든 페이차일드 반도체라는 회사에 다니고 있었거든요. 노이스는 회사를 그만두고 고든 무어, 앤디 그로브 등과 함께 캘리포니아에서 자그마한 회사를 시작하기로 결심했지요. 이들은 모두 반도체 분야에서 뛰어난 엔지니어였기 때문에 그리넬 대학 재단과 주변 사람들 몇몇이 이 회사에 투자했어요. 이 회사의 이름은 통합된Intergrated 전자 공학Electronics 이라는 의미의 '인텔Intel'이에요. 많이 들어본 이름이죠?

인텔은 개인용 컴퓨터에 들어가는 CPUCentral Processing Unit. 중앙처리 장치를 만들었어요. 컴퓨터를 사려면 먼저 사양이 어떻게 되는지를 따지잖아요? 컴퓨터를 이루는 품목을 정리한 것이 컴퓨터 사양표 인데, 맨 앞에 들어가는 게 바로 이 CPU예요. CPU는 사람으로 치면 '두뇌'에 비유할 수 있어요. 컴퓨터가 움직이도록 모든 명령을 내리는 장치예요.

인텔은 개인용 컴퓨터가 전 세계적으로 보급되면서 그 속에 들어가는 CPU 장치를 만들어 엄청난 돈을 벌어들였답니다. 한 마디로 대박이 난 거죠. 노이스와 무어, 그로브는 컴퓨터 업계의 거물로 성공했지요.

버핏은 누구보다도 가까이에서 이 사람들을 보았어요. 엄청난 돈을 벌 수 있는 기회를 눈앞에 두고도 투자하지 않은 거예요. 왜일까요? 버핏은 컴퓨터를 잘 모르는 사람이었어요. 사실 컴맹이었거든요. 나중에 컴퓨터 쓰는 법을 배우기는 하지만 브리지 게임 bridge game을 하기 위해서였지 일을 위해서는 아니었답니다. 기업 분석이나 세금 신고같이 숫자로 된 모든 것을 머리를 써서 직접 계산했거든요.

《워싱턴 포스트》와의 만남

버핏은 컴퓨터 같은 새로운 기술은 모르지만, 어려서부터 잘 알고 있는 분야가 있었어요. 바로 신문사예요. 맞아요, 버핏은 신문 배달을 해서 종잣돈을 모았지요. 그래서 신문사들이 어떻게 돈을 버는지, 어떤 신문사에 투자해야 좋은지를 알 수 있었어요. 한때 신문 배달의 달인이라는 소리까지 듣던 사람이니까요.

버핏과 멍거는 1970년대 초반, 신문사를 사고 싶어서 조금 안

달이 난 상태였어요. 미국의 신문사 대부분은 가족 소유 회사였답니다. 당시에 신문사를 팔려는 사람이 많아서 싼 가격에 이들 회사의 주식을 살 수 있다고 판단했어요. 버핏은 적절한 가격에 나오기만 하면 언제든지 버크셔의 명의로 신문사를 살 준비가 되어 있었지요.

버핏의 눈에 들어온 신문사는 여러 개 있었어요. 그 중 눈에 띄는 신문사는 단연 《워싱턴 포스트》였어요. 미국의 수도이자 정치 중심지인 워싱턴을 기반으로 한 신문사예요. 미국 역사를 바꿀 정도의 굵직한 특종을 여러 차례 보도한 권위 있는 언론사랍니다.

버핏은 1973년에 《워싱턴 포스트》의 주식을 5퍼센트 조금 넘게 갖고 있었어요. 주식을 더 사고 싶어서 발행인인 캐서린 그레이엄에게 편지를 썼지요. 그런데 이 편지를 받고 캐서린은 깜짝 놀랐어요.

'혹시 버핏이라는 사람이 우리 회사에 이상한 마음을 품고 회사를 빼앗아 가려는 건 아닐까?'

캐서린은 덜컥 겁이 났어요. 캐서린은 발행인이 되기 전까지는 평범한 가정주부였거든요. 그녀의 아버지가 인수한 《워싱턴 포스트》의 경영에 대해서는 아는 것이 없었지요. 캐서린은 총명한 사람이었지만, 신문사 경영은 남편이 도맡아서 했답니다. 캐서린은 아이 넷을 키우는 일에만 매달렸어요. 그런데 어느 날 갑자기 정

《워싱턴 포스트》

신 이상이 된 남편이 엽총으로 자살을 하는 사건이 일어났어요. 충격적이었죠. 가정주부 캐서린은 어쩔 수 없이 신문사 발행인 캐서린으로 자신의 역할을 바꿀 수밖에 없었어요.

캐서린은 숫자를 두려워하는 사람이었어요. 기업은 모든 것이 숫자로 표현돼요. 이익을 얼마를 냈는지, 한 해 동안 돈을 얼마나 벌었는지, 직원은 몇 명인지 기업과 관련된 것들은 모두 숫자와 관련 있지요. 가정주부였던 캐서린은 평소 숫자 다루는 일은 남자들이 하는 걸로 여기고 있었어요.

그런데 버핏이라는 사람이, 그것도 오래 전에 20분 정도 잠깐 만났을 뿐인 사람이 주식을 사겠다고 나서니 얼마나 마음이 불편하고 불안했겠어요. 캐서린은 버핏의 정중한 편지도 마음 편하게 받아들일 수 없었어요.

이 주식워싱턴 포스트을 산다는 것은 우리에게 상당한 의미가 있습니다. 건실한 사업체인《워싱턴 포스트》에, 그리고 이 회사의 최고경영자인 당신에게 우선 경의를 표합니다.《워싱턴 포스트》는 당신이 경영한다는 사실을 잘 알고 있습니다. 저는 이 점이 마음에 듭니다.

−캐서린에게 보내는 버핏의 편지 중에서

캐서린은 주변 사람들에게 버핏에 대해 샅샅이 조사하라고 했어요. 불안했지만 어쩐지 버핏이 나쁜 사람은 아닐 것 같다는 느낌이 들었지요. 그래서 본능이 이끄는 대로 버핏을 만나기로 했답니다.

신문 배달 소년에서 신문왕으로

사실 버핏은 캐서린이 좋아할 만한 스타일이 아니었어요. 옷도 촌스럽게 입었고, 외양을 꾸미는 데 전혀 관심이 없는 사람이었으니까요. 하지만 고급스러운 취향을 가진 캐서린은 자신의 취향과 다른 버핏에게 금세 마음이 끌렸어요. 캐서린이 그동안 만나왔던 업계 인사들과는 매우 달랐어요. 캐서린은 버핏에 대한 첫인상을 이렇게 표현했어요.

"옥수수만 먹고 자란 중서부 지역 사람 같았어요."

하지만 버핏의 이야기를 들으면서 매우 똑똑하고 유머가 풍부한 사람이라는 걸 알게 됐답니다. 서서히 마음의 문을 열 준비가 된 거예요. 그렇다고 버핏에게 속내를 드러내지는 않았어요. 여전히 경계의 끈을 놓지 않고 있었지요. 그래서 2주 후에 다시 만나기로 하고 헤어졌어요.

캐서린의 관심은 그가 혹시나 신문사의 경영권을 빼앗는 것은 아닐까 하는 거였어요. 버핏은 확실한 보증을 해주겠다고 했지요. 이미 《워싱턴 포스트》는 누가 주식을 사더라도 경영권을 확보할 수 없었지만 그래도 버핏은 캐서린을 안심시키기 위해 각서를 써주었어요. 다시는 캐서린의 허락 없이 주식을 사지 않겠다고 말이에요.

이런 모습은 매우 보기 어려워요. 보통은 자신이 주식을 산 만큼 영향력을 행사하고 싶어 하거든요. 그런데 버핏은 전혀 그런 마음이 없었답니다. 캐서린과 아들 돈 그레이엄이 《워싱턴 포스트》를 잘 경영하면, 자신은 옆에서 도움을 주고 싶을 뿐이었어요. 그 마음을 스스로 각서로 표현한 거랍니다.

이 일을 계기로 두 사람은 평생의 친구가 돼요. 버핏의 도움을 받은 캐서린과 돈의 열정적인 노력으로 《워싱턴 포스트》는 성공의 길을 걸었지요. 다른 신문사들 사정이 나쁠 때도 《워싱턴 포스트》는 크게 발전했어요.

한때 《워싱턴 포스트》의 주가가 크게 하락해 버핏이 산 가격보다 반 토막에 거래가 된 적이 있어요. 평상시의 그라면 주식을 싸게 살 수 있다는 생각에 더 많이 사들였겠지만, 더 이상 주식을 사지 않겠다는 캐서린과의 약속을 지키기 위해 한 주도 사지 않았지요. 버핏은 한번 한 약속은 반드시 지켜야 한다고 생각하거든요. 이건 자신뿐 아니라 다른 사람에게도 적용되는 거예요.

버핏은 특히 돈과 관련된 거짓말을 무척 싫어했어요. 언젠가 버핏은 아내의 부탁을 받고 오마하에서 인권 운동을 하는 찰스 워싱턴에게 2만 4000달러약 2600만 원를 빌려주었어요. 자녀들에게도 돈을 빌려주지 않았는데, 아내의 부탁이어서 특별히 들어준 거예요. 아내를 믿고 사랑하지 않았다면 절대 할 수 없었겠지요.

그런데 워싱턴이 일곱 달이나 지났는데도 돈을 갚지 않는 거 아니겠어요? 버핏은 평소 쾌활한 성격에 화도 잘 내지 않는데, 이 일로는 크게 화가 났어요. 버핏은 결국 소송을 걸었고 돈을 받아냈지요. 그는 정직하지 않은 사람과는 절대 타협하지 않아요. 거짓말쟁이나 사기꾼에게는 관용을 베풀어서는 안 된다는 게 그의 생각이죠.

캐서린을 보내며 쏟아낸 뜨거운 눈물

버핏에게 영원한 친구로 남을 것 같았던 캐서린과의 이별이 다가오고 있었습니다. 선 밸리라는 곳에서 미국의 유명한 기업가들이 서로 모임을 갖고 토론을 하는 행사가 있었어요. 이 자리에 버핏과 캐서린은 함께 참석했어요. 2001년 7월의 일이에요.

여든네 살의 캐서린은 카드 게임을 하다가 몸이 불편하다면서 자기 방에서 잠시 쉬겠다고 밖으로 나갔어요. 그런데 방으로 들어

와야 할 캐서린이 오지 않는 거예요. 캐서린의 비서는 깜짝 놀라 후다닥 밖으로 나갔어요. 그런데 세상에, 캐서린이 방문 앞에 쓰러져 있었습니다.

비서는 너무 놀라 정신이 없었어요. 부랴부랴 아들 돈과 의사에게 연락을 했어요. 돈은 만일의 사태에 대비해 자신에게 조언해줄 사람이 절실하게 필요했어요. 적임자는 당연히 버핏이었지요. 하지만 버핏은 자신은 그 일을 할 수 없다며 도망치듯 자리를 피했어요. 그는 자신이 아픈 것뿐만 아니라 남이 아픈 것도 보지 못하고 두려워하는 사람이에요. 아내 수지는 이렇게 말한 적이 있답니다.

"버핏은 엄살이 심하고 의사, 병원, 질병, 약을 끔찍하게 싫어해요."

버핏은 병원에 가야 한다는 그 끔찍함을 도저히 받아들일 자신이 없었어요. 자신의 약한 모습이 또 다시 순간적으로 드러난 거예요.

아내가 심장 수술을 받을 때도 마찬가지였어요. 버핏은 아내가 수술받을 병원으로 가기 위해 딸 수지 주니어와 함께 비행기를 탔어요. 그런데 중간에 아내가 괜찮을 것 같다는 연락이 오자 그냥 오마하로 돌아가 버렸답니다. 버핏은 아내가 여러 차례 수술을 받을 때마다 단 한 번도 아내 곁에 있지 않았어요. 투자 분야에서는 천재였지만 건강 문제에 관해서는 소심증 환자나 다름없었지요.

캐서린은 집중 치료실로 들어갔고 버핏도 병원으로 향했어요. 병원으로 가면서 한사코 병원에 들어갈 수 없다고 수지 주니어에게 전화를 했어요. 이번에는 딸도 절대 양보하지 않았어요.

"도대체 무슨 소리를 하시는 거예요? 빨리 와서 돈을 위로해주세요!"

결국 끌려가듯 병원에 들어간 버핏은 돈과 껴안고 흐느끼기 시작했어요. 아주 길고 슬픈 울음이었어요.

병원을 나온 버핏은 오마하로 갔습니다. 그리고 이틀 뒤, 캐서린이 사망했다는 소식을 들었어요. 한없는 슬픔이 몰려들었어요. 버핏은 도저히 캐서린의 장례식에서 추모 연설을 하지 못할 것 같다고 했어요. 미국에서는 절친한 사람이 죽으면 장례식장에서 추모 연설을 하는 게 예의예요. 그런데 버핏은 캐서린의 가장 친한 친구이면서도 거절 아닌 거절을 한 거예요. 그만큼 캐서린의 죽음 자체를 받아들이기 힘들어 했어요. 버핏은 캐서린의 죽음을 잊기 위해 사무실에 나가 더 열심히 일했어요. 아버지의 죽음을 맞았던 때처럼요.

일주일 뒤, 버핏은 전화통화를 하다가 갑자기 숨이 찰 정도로 큰 소리로 울기 시작했어요. 차가운 이성을 가진 투자가 버핏은 서럽게 우는 일이 거의 없었지요. 그런데 인생에서 슬픔의 둑이 무너진 것처럼 눈물이 쉬지 않고 흘러내렸어요. 그는 나중에 캐서린의 장례식에서 추모 연설을 하지 않은 걸 몹시 후회했습니다.

'내가 그날 캐서린과 함께 브리지 게임을 하기만 했어도 그런 일은 일어나지 않았을 텐데……. 내가 캐서린을 콘도의 방까지 데려다 줬어야 했는데. 그랬으면 죽지 않았을 텐데…….'

버핏은 자책감에 시달렸어요. 문득 그녀가 생각날 때마다 눈물이 비처럼 주르륵 흘러내렸어요. 우리의 인생은 누군가를 떠나보내고 누군가를 다시 만나며 울고 웃지요. 캐서린은 떠났지만 캐서린 때문에 만나게 된 또 한 명의 평생 친구가 버핏에게는 있었어요. 누구나 한 번은 들어봤을 그 이름. 바로 마이크로소프트를 창업한 컴퓨터의 황제 빌 게이츠Bill Gates예요.

공통점이 없어 보였던 빌 게이츠

스물다섯 살이라는 나이차를 뛰어넘어 세기의 우정을 나누고 있는 주식 황제와 컴퓨터 황제. 버핏과 게이츠의 첫 만남은 1991년 여름 미국 독립기념일 휴일 기간에 이뤄졌어요. 캐서린은 버핏에게 《워싱턴 포스트》 논설 주간이자 친구인 메그 그린필드와 함께 휴가를 보내자는 제안을 했지요.

그들이 휴가를 보내기로 한 장소는 베인브리지 아일랜드Bainbridge Island라는 섬이었는데, 배나 수상 비행기가 없으면 갈 수 없는 곳이었어요. 물을 싫어했지만 휴가를 함께 보내자는 캐서린의 제안을 거절할 수 없었답니다. 거기서 버핏과 게이츠가 처음 만났어요. 그린필드가 근처에 있는 게이츠의 별장으로 버핏을 데리고 갔거든요.

사실 버핏은 게이츠에게 큰 관심이 없었어요. 자신이 잘 아는 분야에만 투자하기 때문에 컴퓨터 소프트웨어 회사의 창업자인 게이츠를 꼭 만나보겠다는 생각은 없었지요. 당시 두 사람이 세계 부자 순위에서 1, 2등을 다투는 사이였는데도 말이에요. 무엇보다 버핏은 컴퓨터를 전혀 사용하지 않았어요.

"저에게 컴퓨터는 끔찍이 먹기 싫었던 채소나 다를 바 없었습니다."

그린필드는 게이츠의 부모님이 좋은 사람이고, 또 다른 사람들도 있으니 가서 만나보자고 설득했어요. 버핏은 탐탁잖아 하며 차에 올라탔지요.

"도대체 우리가 그 사람들과 뭘 하면서 하루를 보냅니까? 얼마나 거기 있어야 하는 거요?"

버핏은 게이츠의 별장으로 가는 자동차 안에서 투덜댔어요. 게이츠도 비슷한 생각이었어요. 늘 바빠서 가족과 저녁 식사도 제대로 못했던 게이츠는 굳이 버핏을 만나 하고 싶은 이야기가 없었어요. 게이츠가 보고 싶었던 사람은 일흔네 살이지만 아름다운 얼굴과 품위를 유지하고 있는 캐서린이었지요. 어머니가 버핏이 온다고 알리자 게이츠는 이렇게 말했답니다.

"주식 종목을 고르고 투자하는 사람에 대해서는 아는 게 하나도 없어요. 물어볼 말도 없고요. 나하고는 거리가 먼 사람이잖아요."

주식 황제와 컴퓨터 황제의 저녁 식사

드디어 버핏과 게이츠가 만나는 순간이 왔어요. 게이츠는 당시 세계 최고의 부자 중 하나였지만 대학교를 갓 졸업한 신출내기 같은 옷차림이었어요. 주위 사람들은 두 사람이 어떤 대화를 나눌까 호기심으로 지켜봤어요. 특히 게이츠는 관심 없는 분야에 대해서는 참지 못하고 싫은 내색을 금방 해버리는 성격이어서 두 사람이 대화를 잘 풀어갈 수 있을까 궁금했던 거예요. 버핏은 대화를 시작하자마자 IT정보 기술 기업 IBM에 대해 물었어요.

"앞으로도 IBM이 괜찮을까요? 마이크로소프트와는 어떤 경쟁 관계에 있는 건가요?"

"주식을 사고 싶으시다면 이 두 회사가 좋겠습니다. 인텔과 마이크로소프트요."

만난 지 몇 분도 되지 않아 두 사람은 둘 만의 대화에 빠져들었어요. 주위에 아무도 없는 듯이요. 다른 사람들은 어울려 크로켓

게임을 했지만 두 사람은 해변을 걸으면서 이야기를 주고받았답니다.

"컴퓨터를 배워보는 게 어떠세요?"

게이츠가 버핏에게 제안했어요. 버핏은 그전까지 단 한 번도 컴퓨터를 해본 적이 없어요. 아니, 끔찍할 정도로 싫어했지요.

"컴퓨터가 나한테 무슨 도움이 될지 모르겠네요."

"마이크로소프트에서 가장 예쁜 아가씨를 보내 컴퓨터 사용법을 배울 수 있게 해드릴게요."

게이츠가 농담을 던졌어요. 버핏도 웃으며 답했지요.

"정말이지 내가 거절할 수 없는 제안을 하네요. 하지만 사양할게요."

서서히 해가 서쪽으로 몸을 감추며 어둠을 뿌려대는 시간이 왔는데도 두 사람의 이야기는 그칠 줄을 몰랐어요.

엄청난 집중력으로 성공한 두 황제의 우정

두 사람은 서로 너무 닮았다는 것을 알게 됐습니다. 둘 다 좋아하는 일에 대해서는 엄청난 집중력을 갖고 있었지요. 식사를 하면서 게이츠의 아버지인 빌 게이츠 시니어가 물었어요.

"인생에서 성공하는 가장 중요한 요소가 무엇이라고 생각하십니까?"

"집중력이라고 생각합니다."

버핏은 바로 대답했어요.

"저와 같은 생각이시네요. 저도 집중이 가장 중요하다고 봅니다."

게이츠도 맞장구를 치며 말했지요. 두 사람은 옷차림에도 관심이 없고, 자신이 하는 일 외에는 다른 곳에 전혀 신경 쓰지 않는 스타일이에요. 캐서린의 집에 피카소 그림이 걸려 있었는데, 30년 동안 그 집을 드나들었던 버핏은 그 그림이 피카소의 것인지도 몰랐어요. 아내가 달러 모양의 벽지로 방을 바꿔주었는데도 그걸 알아차리는 데 무려 2년의 시간이 필요했답니다.

게이츠라고 달랐을까요? 허름한 셔츠를 입는 게 전부였고, 아내 멀린다와 연애할 때도 툭하면 지갑을 들고 다니지 않아 매번 멀린다가 돈을 내야 했지요. 세계 최고의 부자와 연애하면서 데이트 비용을 대는 여자의 마음이 어땠을까요? 자신이 좋아하는 컴퓨터 외에는 도통 관심이 없었던 거예요. 심지어 사랑하는 여자 앞에서도 그랬지요.

버핏은 게이츠와의 만남 이후 조금씩 인터넷과 컴퓨터에 관심을 갖기 시작했어요. 마이크로소프트 주식을 100주씩 사곤 했고요. 그래도 게이츠가 추천한 인텔의 주식은 과거에도 그랬듯이 선뜻 사지 못했어요. 버핏과 게이츠의 우정은 시간이 지날수록 더욱 깊어졌어요. 버핏은 게이츠를 자신의 세 번째 아들이라고 생각했답니다. 게이츠가 이렇게 말할 정도로요.

"가끔 버핏은 어른 같고, 저는 아직 아이 같다는 느낌이 들곤 해요."

버핏은 게이츠의 결혼식을 앞두고도 마치 아들이 장가라도 가듯이 흥분했어요. 버핏은 기업을 훌륭하게 만드는 요소들에 대해 게이츠에게 알려주고 싶었지요. 게이츠는 그 이야기를 하나도 놓치고 싶지 않았고요.

"내가 하루 동안 가장 많이 하는 일은?"

세계 최고의 투자가는 하루를 어떻게 보낼까요? 무엇을 하면서 가장 많은 시간을 보낼까요? 버핏은 하루 스물네 시간 중 적어도 여섯 시간을 '읽기'에 써요. 이것도 최소한의 시간이에요. 많을 때는 하루의 절반 이상을 읽는 데 쓰기도 해요. 그리고 한두 시간은 전화하는 데 써요. 나머지 시간은 생각하는 데 할애하고요. 읽고 전화하고 생각하면서 하루 일과의 대부분을 보내는 셈이지요. 버핏의 하루 일과는 이처럼 매우 단순해요.

버핏의 읽기 목록에서 가장 중요한 《월스트리트 저널》

그의 투자 아이디어는 대부분 '읽기'에서 나와요. 버핏의 파트너이자 버크셔의 부회장인 멍거는 버핏을 '학습 기계'라고 불렀어요. 버핏은 읽고 사색하는 시간을 통해서 자신의 일상과 삶을 학습 과정으로 만들었답니다. 아내도 주위 사람들에게 이렇게 이야기한 적이 있지요.

"버핏은 책과 60와트짜리 전구만 있으면 행복한 사람이이에요."

버핏의 읽기 목록에서 맨 앞자리를 차지하는 건 경제 신문 《월스트리트 저널》이에요. 그는 오마하에서 가장 먼저 이 신문을 읽기 위해 계약을 따로 했답니다. 오마하는 작은 도시이기 때문에 뉴욕 같은 대도시에 비해 신문이 조금 늦게 도착했어요. 그래서 오마하에 신문이 도착하면, 한 부를 뽑아서 자정에 자기 집 마당에 놓아달라는 계약을 신문 배급업자와 따로 맺었던 거예요. 오마하의 그 누구보다 빨리 새벽에 신문을 읽고 싶었기 때문이에요.

버핏은 지금도 하루 45분을 투자해서 《월스트리트 저널》을 반드시 읽어요. 《월스트리트 저널》에는 1700개에서 1800개 정도의 기업 뉴스나 분석 기사가 실리기 때문에 이 신문을 통해 투자 아이디어를 얻어요.

《월스트리트 저널》뿐 아니라 경영과 관련된 여러 가지 출판물도 읽어요. 버핏은 투자가이기 때문에 기업이나 산업에 관한 출판물을 많이 보지요. 은행 산업, 방송 미디어 산업 등을 다룬 잡지를 읽고, 기업이 매년 경영 성적표를 발표하는 보고서도 꼼꼼히 챙겨 보고요. 버핏이 투자한 기업이 100여 개나 되기 때문에 이들 기업의 보고서는 하나도 빼놓지 않고 본답니다.

매일매일 읽고 또 읽어라

버핏은 어려서부터 돈 버는 것에 관련된 책이나 잡지를 쉬지 않고 읽었어요. 20대 초반 투자 조합을 만들어 전문 투자가로 생활을 시작했을 때도 틈만 나면 도서관에서 가서 각종 자료와 책을 읽었고요. 심지어 현대 기업의 역사를 공부하기 위해 100여 년 전의 신문을 찾아 읽기도 했답니다. 자신이 존경하는 사람이 쓴 책이면, 거의 외울 정도로 읽고 그 속에서 인생의 지혜와 교훈을 얻고자 했어요.

버핏뿐 아니라 세계적인 투자가의 공통점은 모두 지독한 읽기광이라는 점이에요. 영국 여왕이 투자가로는 처음으로 기사 작위를 수여한 존 템플턴 경도 늘 자기 자신을 '살아 있는 도서관'으로 만들기 위해 노력했고, 젊은이들에게 조언할 때마다 '살아 있는 도서관'으로 살아야 한다고 이야기했어요. 템플턴 경이 기사 작위를 받은 것은 그의 인격 때문이었지요. 그는 평생 소득의 50퍼센트를 저금하는 검소한 생활을 했고, 대부분의 재산을 자선 사업에 내놓았거든요.

학습의 가장 기본은 '읽기'에 있어요. 자신이 좋아하는 분야가 있다면 꾸준히 쉬지 않고 읽고 생각하는 것이 그 꿈을 이루는 길이라는 사실을 버핏과 템플턴 경의 생애가 우리에게 보여주고 있어요.

서른두 살에 백만장자가 되었어!

3

나눔을 실천하며 살아가기

부자로 죽는 건

부끄러운 일이야

더불어 행복한
세상으로

"내가 죽고 30년이 지난 뒤에도 회사가
여전히 주주들에게 봉사하고 있다면 정말 행복하겠습니다."

워런 버핏

모든 사람이 즐기는 축제 같은 주주 총회를 상상해보세요. 버크셔의 주주 총회는 다른 회사처럼 딱딱하지 않아요. 서로 흥겹게 나누는 모두의 축제니까요. 세계에서 가장 투자를 잘하는 사람의 지혜를 나눠 갖고 싶은 이라면 누구나 참여할 수 있어요. 버핏은 나누며 사는 삶이 얼마나 행복한지 아는 현명한 사람이랍니다.

자본주의의 우드스탁

버핏의 분신인 버크셔의 주주 총회를 두고 언론에서는 '자본주의의 우드스탁'이라고 불러요. 우드스탁은 미국 뉴욕의 남쪽에 있는 지역이에요. 1960년대 말, 젊은이들이 열광하는 최고의 가수들이 모여서 커다란 콘서트를 열었어요. 젊은이들은 콘서트 현장에서 먹고 자면서 3일간 이 축제를 통해 자유를 만끽했지요.

우드스탁은 지역 이름이지만 미국 대중음악 역사에서는 젊은이들의 해방과 자유를 노래한 기념비적인 콘서트로 기억되고 있어요. 버크셔의 주주 총회를 이 우드스탁에 빗대어서 '자본주의의 우드스탁'이라고 하는 거랍니다.

버크셔의 주주 총회는 세계에서 가장 많은 사람이 참여하는 주주 총회예요. 주주 총회가 뭐냐구요? 회사의 주식을 가지고 있는 사람이 모두 참여하는 최고의 의사결정 기구예요. 기업들은 매년 주주 총회를 열어서 중요한 문제를 처리해요.

버크셔의 주주 총회는 다른 회사와 달리 축제 분위기에서 진행돼요. 버핏과 부회장인 멍거가 여섯 시간 동안 주주들의 질문에 일일이 답하는 모습을 보기 위해 많은 사람이 참석하지요. 세계에서 가장 투자를 잘하는 사람의 지혜를 나눠 갖고 싶기 때문이에요.

부자로 죽는 건 부끄러운 일이야

또 한 가지 중요한 점은 버크셔의 주식을 가진 사람들은 모두 돈을 벌었다는 사실이에요. 돈도 벌고 지혜도 얻을 수 있으니 그 야말로 자본주의의 축제라 할 만하지요. 2013년에는 날씨가 추웠는데도 3만 5000명이 참석할 정도로 열기가 뜨거웠답니다.

지금은 수만 명의 사람이 모이고 전 세계 언론이 주목하는 행사가 됐지만 시작은 아주 소박했어요. 현재는 버핏이 살고 있는 오마하에서 열리지만 처음에는 공장이 있던 뉴베드포드 근처의 낡은 집에서 열렸어요. 스승 그레이엄과 관계가 있는 몇 사람만 참석했지요.

1981년 첫 주주 총회에 참석한 사람은 스물두 명이었답니다. 친구들은 숫자가 너무 적다 보니 빈자리가 많아서 버핏이 실망할까 봐 걱정했어요. 그래서 직원을 동원해 빈자리를 채우기도 했어요. 적은 숫자였지만 버핏은 주주들이 묻는 질문에 성심성의껏 대답했고요. 그는 처음부터 주주 총회를 즐겼어요.

버핏의 명성이 높아지고 버크셔의 주식을 가진 사람들이 돈을 벌기 시작하자 참석자가 늘어났지요. 1986년에는 400명, 그 다음에는 500명으로 많아졌어요. 지금도 그렇지만 예전부터 버크셔의 주주들은 버핏을 숭배할 정도로 신뢰했어요. 몇몇 사람들은 그를 찬양하는 시를 읽기도 할 정도였어요.

버크셔 주주 총회의 볼거리 중 하나는 버크셔가 보유하고 있는 기업의 물건을 전시하고 판매하는 행사예요. 버핏이 주주 총회장에서 상품을 팔기로 한 건 1993년의 일이에요. 이때부터 버핏은 판매 부스를 설치하기 위해 큰 공간으로 옮기려고 했지요.

1996년에는 참석자가 더 늘어나서 아예 경기장으로 장소를 옮겼어요. 7500명이 참석했는데, 이들이 네브래스카 퍼니처 마트에서 산 가구만 해도 500만 달러약 55억 원나 됐답니다. 그러니 주주 총회는 꿩 먹고 알 먹는 행사라 할 수 있어요. 먼저, 자신의 이야기를 듣고자 하는 사람들의 숲에 둘러싸여 본인의 생각을 막힘없이 펼쳐 보일 수 있지요. 또 버크셔가 보유하고 있는 기업들의 제품을 팔 수 있지요. 이야말로 일석이조 아니겠어요?

우리의 행복한 시간

2만 명이 참석한 2004년 주주 총회 때의 일이에요. 암표상이 인터넷 경매업체인 이베이www.ebay.com에서 주주 총회 입장권을 파는 일이 일어났어요. 입장권 네 장의 가격이 250달러약 27만 원나 했지요. 버핏은 이 이야기를 듣고 깜짝 놀랐어요. 주주 총회 입장권을 암표상이 거래한다는 이야기는 한 번도 들어본 적이 없었거든요. 주주 총회 입장권이 거래되는 건 흔한 일이 아니니까요.

버핏은 기분이 좋았어요. 버크셔의 주주 총회가 그만큼 인기가 좋다는 증거였기 때문이지요. 하지만 정직함을 중요한 인생의 가치로 여기는 그는 주주 총회 입장권이 암표처럼 팔리는 걸 용납할 수 없었어요. 컴퓨터를 아스파라거스만큼 싫어하는 버핏이지만, 이번에는 이베이를 이용하기로 마음먹었어요. 이베이에 자신의 매장을 만든 거예요.

버핏은 인터넷 매장에서 주주 총회 입장권 두 장을 5달러^{약 5500}^원에 팔았어요. 2004년 이전까지는 버크셔의 주식을 가진 주주만 주주 총회에 참석할 수 있었는데, 이때부터는 그의 이야기를 듣고 싶은 사람은 누구나 입장권만 사면 참석할 수 있게 됐어요. 주주 총회가 말 그대로 주주들의 총회에서 버핏의 팬클럽 모임으로 바뀐 순간이죠! 이제는 버핏을 좋아하고 그의 지혜를 얻고자 하는 사람이라면 누구나 참석할 수 있어요. 오스트레일리아에서는 77명이 전세 비행기를 타고 와서 참석한 적도 있다고 해요.

주주 총회는 지정좌석제가 아니에요. 가까이에서 버핏을 보고 싶으면 새벽부터 줄을 서서 문이 열리기를 기다려야 해요. 참석자들은 새벽 네 시부터 줄을 서서 아침 일곱 시에 문이 열리자마자 한 걸음에 달려가 자리를 차지한답니다.

버핏은 회사에 대한 간단한 보고를 마친 뒤 멍거와 함께 단상에 마련된 의자에 앉아 사람들의 질문을 받기 시작해요. 그러고는 여섯 시간 동안 휴식 없이 질문에 답하지요. 여섯 시간 정도를 쉬지

3만 5000명이 모인 2013년 버크셔 주주 총회

않고 이야기하면 파김치가 될 만도 한데 버핏은 아니에요. 참석한 사람들을 위해 질의응답이 끝난 뒤 사인회까지 참석해요. 그만큼 주주들을 소중히 여기고 회사의 주인으로 대접하는 거예요.

"내가 죽고 30년이 지난 뒤에도 회사가 여전히 주주들에게 봉사하고 있다면 정말 행복하겠습니다."

버핏은 버크셔의 주주들과 만나는 걸 행복으로 여겨요. 주주 총회를 준비하는 시간은 그에게 가장 행복한 시간이에요.

존경하는 사업가, B여사

스미스가 쓴 책 『슈퍼 머니』에는 버핏이 가장 좋아하는 경영자가 설립한 대형 가구점 이야기가 실려 있어요.

어느 날 버핏과 스미스는 차를 타고 오마하 거리를 지나고 있었어요. 앞에 대형 가구점이 보였지요. 버핏은 그 가구점에 대해 자세한 수치로 설명을 하기 시작했어요. 스미스는 정확히 그 수치를 기억하지 못해서 책에는 이렇게 적었어요.

"저기 가게 보이죠? 저 집은 정말 장사를 잘해요. 매장 면적은 a 평방미터이고, 연간 매출액은 b인데, 재고는 겨우 c밖에 되지 않아요."

"그럼 저 가구점 주식을 사셨겠네요?"

스미스가 넌지시 물었어요.

"아니요. 저 가게는 개인 소유랍니다."

버핏이 가구점 주식을 사기 위해서는 증권시장에서 주식이 거래되어야 하는데, 가구점 주식을 한 사람이 전부 가지고 있기 때문에 살 수 없었던 거죠.

"하지만 주식을 사려고 합니다. 언젠가는 말이에요."

버핏은 원하는 주식은 반드시 손에 넣어야 직성이 풀리는 사람이잖아요? 그는 결국 이 대형 가구점 주식을 사들였고, 그가 최고의 경영자로 인정하는 로즈 고어릭 블럼킨 여사와 같이 일하게 되었답니다. 버핏은 로즈 고어릭 블럼킨 여사를 'B여사'라고 불러요. 블럼킨Blumkin의 알파벳 앞자인 B를 애칭 삼아 부르는 거예요.

저에게 회사를 팔아야 하는 이유는요

1983년 여름, 버핏은 넓게 자리 잡은 네브래스카 퍼니처 마트에 성큼 들어갔어요. 이미 버핏은 그 가구점에 대한 분석을 끝냈지요. 거기서 목격한 사람은 147센티미터의 자그마한 키에 어깨가 굽은 여성이었어요. 이 여성은 골프카를 타고 가게를 돌아다니면서 물건을 점검하고 직원들에게 지시를 내리고 있었고요.

"얼간이 같으니라고! 이 바보 멍청아, 그렇게밖에 못해?"

직원들이 조금이라도 마음에 들지 않으면 고래고래 소리를 질렀어요. 이 사람이 바로 B여사, 로즈 고어릭 블럼킨 여사예요. B여사가 일하는 모습을 본 버핏은 속으로 생각했어요.

'B여사와 경쟁하느니 차라리 회색 곰과 레슬링을 하는 게 낫겠어.'

버핏은 여든아홉 살의 나이에도 열정적으로 복도 사이를 오가며 직원들을 닦달하는 B여사에게 조심스럽게 다가갔지요.

"혹시 이 가구점을 팔 생각이 있으십니까?"

"차라리 이 회사를 훔치는 게 나을 거요."

B여사는 거침없이 말했어요. 사실상의 거절이었지요. 버핏은 일단 한 걸음 뒤로 물러났어요. 그런데 1년 뒤 B여사가 독일 함부르크에 있는 한 회사와 협상을 벌인다는 소식을 들었어요. 독일 회사는 세계에서 가장 큰 가구 매장을 운영하는 회사였고요. 버핏은 B여사가 회사를 진짜 팔려고 한다는 사실을 직감적으로 알았지요.

사실 20년 전에 B여사는 자기 회사를 팔고 싶다면서 버핏을 부른 적이 있답니다. 네브래스카 퍼니처 마트를 손에 넣고 싶었던 그는 한 걸음에 달려갔어요. 그런데 B여사는 버핏은 아랑곳하지 않고 한 무리의 남자들에게 설교를 늘어놓았어요. 그 남자들은 B여사의 조카와 손자들이었지요. 한참 동안 연설을 한 B여사는 버핏을 돌아보며 이렇게 말했어요.

"이 사람들을 보세요. 만일 내가 당신에게 이 회사를 판다면, 당신은 이 사람들을 해고하겠죠? 이들은 하잘 것 없는 존재들이에요. 하지만 나와 인척 관계이기 때문에 나는 이들을 해고하지 못해요. 그런데 당신은 해고할 수 있지요. 하잘 것 없는 인간이고 게으름뱅이니까요. 이제 됐으니 그만 돌아가세요."

버핏은 어쩔 수 없이 입맛만 다시고 돌아올 수밖에 없었습니다. 그랬던 B여사가 이번에는 정말 회사를 팔기로 한 거예요. 버핏은 B여사에게 큰 신뢰를 받고 있던 아들 루와 협상을 벌였어요. 루에게 편지를 써서 절대로 서둘러 팔지 말아달라고 이야기했어요. 최대한 솔직하게 자신의 생각을 설명했지요.

당신이 지금 당장 그 회사를 팔지 않는다면, 나중에 더 많은 돈을 받고 팔 가능성이 있습니다. 이걸 분명히 인식해야 합니다. 그러면 칼자루를 쥔 상태에서 충분히 많은 시간을 들여 진정으로 원하는 인수 회사를 찾아낼 수 있을 겁니다.

버핏은 루에게 몇 가지 단순한 조건만 제시했어요. 먼저, 자기가 네브래스카 퍼니처 마트를 인수하면 블럼킨 가족이 계속 동업자로 남아서 일해달라는 거였어요. 또 하나는 회사의 최고 책임자를 선정하고 그 사람에게 줄 급여를 결정하겠다는 거였지요. 그리고 한 가지를 더 덧붙였는데 이게 B여사의 마음을 결정적으로 움직였어요. 버핏 자신은 독일 사람이 아니라는 사실이요. 미국 사람이므로 자기에게 회사를 파는 게 더 낫다고 했지요. 도대체 왜 이 말에 B여사의 마음이 움직였을까요?

B여사는 러시아 민스크 지역의 작은 마을에서 태어났어요. 당시 러시아에는 유대 인을 탄압하는 제도가 있었답니다. 임신한 여자들을 잡아다가 아이를 낳으면 빼앗고 아이의 아버지를 죽인 뒤 마을 한가운데 있는 시장에서 춤을 추었어요. 이런 모습을 본 B여사는 미국이라는 새로운 세계를 동경하면서 언젠가는 미국으로 가리라 마음먹었지요.

천신만고 끝에 미국에 도착했지만, B여사는 영어도 제대로 못하고 글도 제대로 쓸 수 없는 가정주부였어요. 그럼에도 안 해본 일이 없을 정도로 열심히 노력해서 성공한 사업가가 된 거예요. 그녀는 유대 인 박해를 피해 미국으로 온 사람이라 아우슈비츠 수용소에서 유대 인을 무참하게 학살한 독일인들을 미워했어요. 버핏이 바로 이 점을 B여사에게 말한 거예요. 자신은 독일 사람이 아니라 미국 사람이라는 걸 강조한 거죠.

버핏은 B여사의 회사를 사는 과정에서 단 한 번도 조사를 하지 않았어요. 무려 5500만 달러약 605억 원를 현금으로 주고 사는데도 전혀 조사를 하지 않았지요. 회사를 인수할 때는 철저히 조사하는 게 당연했는데도요. 버핏은 그런 절차를 밟을 생각이 전혀 없었어요. 그만큼 B여사를 존경했고 신뢰했거든요.

버핏은 B여사와 거래를 마친 뒤 기자회견을 열었습니다. 이 자리에서 네브래스카 퍼니처 마트의 역사를 비디오로 소개했는데, B여사는 영상을 보면서 눈물을 훔쳤어요. 버핏은 B여사가 가지고 있는 불굴의 의지, 강인함, 포기할 줄 모르는 정신, 도전 정신을 존경했어요. 그는 B여사에게 정성스러운 편지를 썼지요.

존경하는 B부인에게

루와 그의 두 아들, 그리고 모든 가족이 지금으로부터 5년, 10년, 아니 20년 뒤에도 이 거래에 만족하실 수 있게 하겠습니다. 부인에게도 똑같은 약속을 드립니다.

버핏은 약속을 철저하게 지켰어요. 버핏다웠지요. B여사는 회사를 판 뒤에도 회사 운영에서 모든 권한을 행사했거든요. B여사는 하루도 쉬지 않고 열정적으로 103세까지 일했답니다.

부자로 죽는 건 부끄러운 일이야

부자 아빠,
가난한 자식들

"아버지에게 내 돈은 어디 있냐고 묻지 않았나요?"

"아버지가 그렇게 많은 재산을 우리에게 남겨준다면,

그거야말로 정신 나간 행동일 거예요."

딸 수전 앨리스, 《ABC》와의 인터뷰 중에서

우리 아버지가 세계에서 손꼽히는 엄청난 부자라면? 버핏의 세 자녀는 어렸을 적, 아버지가 부자라는 사실을 전혀 몰랐대요. 커서 아버지에게 돈을 빌려달라고 하면 반드시 조건이 붙었고요. 공짜는 절대 없었답니다. 억만 장자 아버지를 두고도 풍요롭게 살지 못한 거예요. 그래서 세 아이들은 아버지를 미워했을까요? 아니요, 오히려 무척 존경했지요.

절약 그리고 소박함

버핏이 부자가 된 비결은 어디에 있을까요? 언뜻 생각하기에는 뛰어난 투자 실력을 떠올릴 거예요. 물론 빼어난 투자 능력이 없었다면 큰 부를 쌓지 못했겠지요. 하지만 투자 실력 못지않게 그를 부자의 길로 안내한 건 절약하는 습관이에요.

버핏은 돈을 낭비하는 것과 빚을 지는 것을 극도로 싫어해요. 낭비와 빚이 사람들을 어렵게 만드는 주범이라고 생각하지요. 세계 최고의 부자 중 한 명이지만 사무실은 작고 매우 검소해요. 직원들의 숫자도 많지 않지요. 마지막 남은 치약을 조금이라도 더 짜내려고 너무 힘을 줘서 손이 덜덜 떨릴 정도예요. 일상생활에서도 그는 늘 아끼고 또 아낀답니다.

《워싱턴 포스트》의 캐서린과 함께 공항에 있을 때의 일이에요. 캐서린은 버핏에게 급하게 말했어요.

"공중전화를 써야 하는데 동전이 없네요. 10센트짜리 하나만 주세요."

버핏은 헐레벌떡 주머니를 뒤졌어요. 그런데 글쎄, 25센트 동전 하나만 있는 거 아니겠어요? 버핏은 10센트짜리 동전으로 바꾸기 위해 주위를 두리번거렸어요. 시간은 가는데 바꿀 곳이 마땅히 눈에 들어오지 않았지요. 이 모습을 보던 캐서린은 짓궂게도

25센트 동전을 투입구에 그냥 넣어버렸어요.

"15센트는 없는 셈 치세요."

캐서린의 얼굴에 웃음기가 가득했어요. 버핏은 낭비한 15센트를 두고두고 아까워했답니다.

버핏은 부자가 돼서도 1958년에 3만 1500달러를 주고 산 집에서 여전히 살고 있어요. 대부분의 사람은 돈을 벌면 더 크고 멋진 집으로 이사를 해요. 하지만 버핏은 어떤 집에 사는가가 사람의 인격을 결정한다고 생각하지 않았지요. 음식도 평소 좋아하는 햄버거를 여전히 먹어요. 고급 식당에서 분위기를 느끼며 음식을 먹는 건 겉치레라고 생각해요.

어느 날 버핏은 브리지 게임을 하러 가던 길에 자동차에 같이 탄 사람에게 잠시 세워달라고 했어요. 몇 분 후 그가 돌아왔는데, 세상에 햄 샌드위치와 코카콜라를 여러 봉지에 가득 담아온 거예요. 모두 놀라서 입을 다물지 못했어요. 억만장자의 소탈한 모습에 깜짝 놀란 거죠.

세스 클라먼이라는 미국의 유명한 투자가는 뉴욕 지하철역에서 버핏을 본 적이 있답니다. 어떤 남자가 지하철역에 혼자 서서 소시지와 계란을 먹고 있었어요. 처음에는 그 유명한 투자가 버핏이 맞나 하고 의심을 했다네요.

오마하로 버핏을 만나러 오는 사람들은 당황스러워해요. 운전

기사 없이 혼자서 낡은 자동차를 운전해 자신을 기다리는 버핏을 보게 되거든요. 그는 직접 손님을 태워서 사무실로 온답니다. 두 시간 정도 대화를 나눈 뒤 식당 고라츠에 가서 티본 스테이크 같은 걸 함께 먹어요. 양도 많고 가격도 싼 대중적인 식당이에요.

한 방송국 프로듀서는 오마하 공항에서 자동차 열쇠를 들고 있는 억만장자 버핏을 보고 그를 운전기사로 착각하기도 했어요. 자동차를 살 때도 그의 절약 정신은 유감없이 발휘되지요. 딸 수지 주니어는 아버지에게 맞는 싼 자동차를 찾으러 먼 곳까지 뒤지고 다녀야 했어요. 그래서 결국 찾아냈지요. 우박으로 망가진 자동차를요.

버핏은 돈을 벌기 위해서는 세 가지 원칙을 지켜야 한다고 믿었어요. 제1원칙은 돈을 잃지 말라는 거예요. 제2원칙은 제1원칙을 절대로 잊지 말라는 거지요. 제3원칙은 빚을 지지 말라는 것. 빚을 지지 않으려면 절약 습관이 몸에 배어 있어야 해요. 버핏은 기회가 될 때마다 빚을 지지 않는 삶을 살아야 한다고 강조한답니다. 대학생들과의 만남에서도 이렇게 말했어요.

"세상을 사는 데는 빚이 필요 없어요. 여러분이 똑똑하다면 빚 없이도 돈을 많이 벌 수 있습니다. 나는 살면서 큰돈을 빌린 적이 없어요. 앞으로도 그럴 거예요. 절대 그럴 겁니다. 나는 돈을 빌리는 데 관심이 없어요."

공짜는 없어

버핏은 자녀들과 함께 극장에 갔습니다. 아이들은 매번 버핏에게 팝콘을 사달라고 졸라요. 그때마다 버핏은 안 된다고 하지요.

"내가 너희에게 팝콘을 사주면, 여기 있는 다른 사람들에게도 다 사줘야 하는데 그럴 수는 없잖아."

한 마디로 말하면 용돈으로 사 먹으라는 거죠. 버핏은 돈과 관련해서는 아이들의 작은 부탁도 쉽게 들어준 적이 없어요. 아이들은 용돈을 받으려면 집안일을 돕거나 스스로 벌어야 했답니다. 버핏과 아내는 아이들이 어렸을 때부터 자신의 인생은 스스로 찾아야 한다는 신념을 확실하게 심어줘야 한다고 생각했어요. 아버지가 돈이 많다고 섣부른 기대를 해서는 안 된다는 거죠.

버핏의 세 자녀는 버핏이 부자가 된 뒤에도 교육비 외에는 부모님에게 도움받을 생각을 하지 않았어요. 도움을 요청해도 거절당하기 일쑤였어요. 버핏은 자식들이 돈을 달라고 하면 마치 남남처럼 냉랭하게 대했어요. 설사 도움을 주더라도 반드시 조건이 붙었지요. 공짜로 그냥 주는 법은 절대 없었답니다. 그래서 아이들이 어렸을 때는 아버지가 부자라는 사실을 전혀 몰랐대요. 나중에 커서야 자연스럽게 알게 된 거죠. 버핏은 왜 돈에 관해서는 자식에게도 남남처럼 굴었을까요?

"태어날 때부터 물고 있던 은수저가 나중에 은장도로 변해 돌아오는 경우가 많다고 믿습니다."

버핏은 '부의 상속'에 대해 확고한 철학을 갖고 있어요. '은수저'는 부잣집에 태어나는 것을 말해요. '은장도'는 은으로 만든 칼인데, 부잣집에 태어난 것이 때로는 인생의 걸림돌이 될 수 있다는 뜻이지요. 버핏이 은유적으로 표현한 거예요.

그는 부잣집 자식들이 이기적인 삶을 살면서 인생을 망치는 걸 수없이 봐왔어요. 많은 부와 재산에는 함정이 있지요. 버핏은 자신이 좋아하는 일을 하면서 그 결과로 부자가 됐기 때문에 다른 부자들이 하는 것들을 오히려 따라하지 않으려 했답니다. 미국 부자들이 부의 상징으로 사는 것 중 하나가 요트예요. 버핏은 어땠을까요?

"요트를 관리하는 귀찮음을 이길 정도로 요트의 혜택이 없기 때문에 사지 않습니다."

버핏이 요트를 사지 않는 이유예요. 중요한 건 자신이 좋아하는 일을 하는 거죠. 돈으로 물건을 사는 일은 중요하지 않다는 게 버핏의 인생 철학이에요.

아버지는 만만한 금고가 아니란다

버핏의 자녀들은 백만장자 아버지를 두고도 돈이 주는 풍요로움을 전혀 느끼지 못하고 살았어요. 딸 수지 주니어는 집의 계단이 너무 많고 부엌이 좁아서 집을 고치고 싶었어요. 돈이 없던 수지 주니어와 남편은 아버지에게 돈을 빌려달라고 부탁했어요. 아버지의 대답은 간단했지요.

"돈을 빌리려면 은행에 가야지?"

"너무하세요, 아버지."

"들어봐. 네브래스카 미식축구팀 선수가 있다고 치자. 그런데 자기 아버지가 예전에 이 팀에서 유명한 쿼터백이었다고 그 포지션을 물려받을 수는 없잖니?"

당시 수지 주니어는 한 잡지와의 인터뷰에서 아버지의 모습을 이렇게 이야기했어요.

"아버지는 원칙에 입각해서 그 돈을 우리에게 주지 않겠다고 하셨습니다. 아버지는 평생 우리에게 가르침을 주고 계세요. 그래요, 이제 충분히 많이 배운 것 같습니다. 어느 정도까지만 하시고 이제 그만 하셔야죠."

수지 주니어는 곧 둘째 아이를 임신했어요. 하지만 건강 상태가 좋지 않아 의사가 움직이지 말라는 처방을 내렸어요. 수지 주니어는 어쩔 수 없이 집에서 하루 종일 가만히 누워 시간을 보내야 했지요. 계단은 임산부 수지 주니어에게 위험천만했습니다. 부엌도 지나치게 좁았지만 아버지에게 다시 부탁할 수 없었어요. 이미 한 번 거절당했으니까요. 아버지가 절대 돈을 빌려주지 않을 거라는 사실을 아주 잘 알고 있었거든요.

수지 주니어와 친했던 《워싱턴 포스트》의 캐서린은 아픈 수지 주니어에게 방문했다가 작은 흑백 텔레비전을 보고 경악했어요. 수지 주니어는 컬러 텔레비전을 살 돈조차 없었던 거예요. 아무리 그래도 백만장자 아버지가 있는데 임신후유증으로 작은 방에서 흑백 텔레비전만 보며 시간을 보내야 한다는 게 이해가 안 됐어요. 캐서린은 당장 버핏에게 전화해서 잔뜩 잔소리를 늘어놓았지요. 버핏은 그제야 마지못해 컬러 텔레비전을 사주었대요.

버핏은 적은 금액을 빌려주더라도 항상 차용증을 쓰게 했어요. 차용증은 돈을 빌려주었다는 증명서예요. 수지 주니어가 공항에서 20달러를 급하게 빌린 적이 있는데, 그때도 버핏은 차용증을 쓰게 했어요. 법적으로 아버지에게 돈을 지불해야 한다는 것을 명확히 한 거예요.

당연히 수지 주니어만 이런 경험을 한 건 아니지요. 농부가 꿈이었던 큰아들 호위는 한때 굴착기 회사를 경영했지만 망하고 말았어요. 그래서 자신의 꿈인 농업을 시작하고 싶었답니다. 그런

부자로 죽는 건 부끄러운 일이야

데 농장을 살 돈이 없었어요.

평소 아버지의 성격을 잘 알았기에 한참 망설이다가 어렵사리 돈 이야기를 꺼냈어요. 아버지는 의외로 돈을 빌려주겠다고 했어요. 그런데 조건이 붙었지요. 일반적인 농장 임대 계약 조건에 따라 빌려주겠다는 거예요. 농장 구입 자금의 상한선도 정해줬어요.

호위는 돈에 맞춰 농장을 사느라 수많은 농장을 보러 다니며 갖은 고생을 다했답니다. 나중에 호위는 가족들을 농장으로 초대했어요. 농작물이 자라는 걸 보여주고 싶었거든요. 다른 가족들은 자주 농장을 방문했지만 버핏은 6년 동안 단 두 번 방문했을 뿐이에요. 아들이 초대할 때마다 그는 웃으면서 말했어요.

"임대료나 보내라."

몸무게에 집착이 컸던 버핏은 또 한 가지 조건을 덧붙였답니다. 농장에서 나오는 수익 배분금을 호위의 몸무게에 따라 달라지게 한 거예요. 버핏은 아들의 적정 몸무게가 82.8킬로그램이라고 생각했어요. 그래서 이 기준을 넘으면 호위는 농장에서 번 돈 가운데 26퍼센트를 아버지에게 지불해야 했지요. 넘지 않으면 22퍼센트만 지급했고요. 그런데 22퍼센트도 결코 낮은 수치가 아니었어요. 다른 땅주인에 비교하면 거의 최고 수준으로 받아가는 거였죠.

매정한 구두쇠 아버지를 존경하는 이유

작은아들 피터는 이사할 돈이 부족해서 아버지에게 돈을 빌려 달라고 부탁한 적이 있어요. 당연히, 거절당했지요.

"나는 우리 관계가 말끔하기를 원한단다. 한번 돈으로 얽히면 부자父子 관계도 복잡해지기 마련이지."

버핏이 부탁을 거절한 이유예요.

음악가인 피터는 공연할 돈이 부족했는데, 단 한 번도 아버지의 도움을 받은 적이 없었어요. 다른 사람들은 피터가 공연 자금을 쉽게 모을 거라고 생각했지만, 피터의 머릿속에 아버지의 돈은 아예 존재하지 않았지요.

그래서 버핏의 세 자녀는 이런 아버지를 미워했을까요? 전혀 그렇지 않아요. 오히려 무척 존경했지요. 서운한 적도 있었지만 나이가 들면서 아버지가 자신들을 대한 방식을 이해하고 고마움을 느꼈어요.

버핏은 세계에서 가장 뛰어난 투자가였지만 자식들에게 투자를 배우라고 하지 않았답니다. 자신이 좋아하는 일을 스스로 찾아서 즐기라고 했어요. 심지어 할아버지 하워드가 손자 손녀들에게 남긴 600주의 버크서 주식에 대해서도 조언하지 않았어요. 어떻게 해야 한다고 단 한 번도 말하지 않았지요.

부자로 죽는 건 부끄러운 일이야

수지 주니어는 자기 주식의 대부분을 팔아서 자동차와 콘도를 샀어요. 호위도 주식의 일부를 팔아 '버핏 굴착'이라는 회사를 차렸고요. 망하고 말았지만요. 만약 둘 다 이 주식을 팔지 않았다면, 우리 돈으로 몇 백억 원이 생겼을 거예요.

버핏은 누구보다 버크셔의 주식이 좋아질 거라는 사실을 잘 알고 있었으면서도 절대 참견하지 않았어요. 너 자신의 소리를 찾으라는 조언만 해주었지요. 버핏이 돈에 대해 자식들에게 가르친 것은 딱 한 가지였어요. 돈은 중요한 것이라는 사실!

수지 주니어는 아버지를 무척 존경했고, 어머니 수지가 죽은 뒤에는 아버지를 옆에서 성심성의껏 돌보았어요. 수지 주니어는 아버지에 대해 이렇게 말해요.

"아버지는 항상 우리에게 일관된 모습을 보이려고 했어요. 아버지는 절대 공짜로 돈을 주지 않아요."

사실 버핏의 자녀들은 대학을 중퇴하거나 이혼을 하거나 하면서 평탄한 젊은 시절을 보내지 못했어요. 그래도 버핏은 항상 일관된 원칙을 지켰답니다. 자녀들은 성장하면서 아버지가 왜 그렇게 했는지, 왜 독립적인 삶을 살아야 하는지 알게 되었어요. 아버지를 깊이 믿고 따르게 되었지요.

버핏이 자신의 전 재산을 빌&멀린다 게이츠 재단에 기부하기로 발표하고 얼마 지나지 않았을 때예요. 세 자녀는《ABC》방송

국의 〈굿모닝 아메리카〉라는 프로그램에 출연했습니다. 진행자가 물었어요.

"아버지에게 내 돈은 어디 있냐고 묻지 않았나요?"

"아버지가 그렇게 많은 재산을 우리에게 남겨준다면, 그거야말로 정신 나간 행동일 거예요."

수지 주니어는 웃으며 이야기했습니다. 총명함이 빛나는 대답이었지요.

구닥다리 노인이 아니에요

"워런 버핏, 대체 뭐가 문제요?"

1999년 미국에서 가장 유명한 투자 잡지 중 하나인 《배런스》가 표지에 버핏의 사진을 싣고 붙인 제목이에요. 제목 옆에는 이렇게 썼어요.

"버크셔 해서웨이는 심하게 비틀거리며 넘어졌다"

《배런스》는 왜 이렇게 도발적인 제목을 붙였을까요? 왜 추궁하듯이 뭐가 문제냐고 물었을까요? 버핏은 주식 투자로 세계에서 가장 돈을 많이 번 사람이고, '오마하의 현인'이라 불리며 많은 사람에게 존경받는데 대체 왜?

1990년대는 IT정보 기술의 시대였어요. 그 중심에는 인터넷이 있었지요. 새로운 기술, 새로운 시대가 열리는 때였답니다. 인터넷은 우리 삶의 많은 부분을 바꿔놓았어요. 이제 누구나 컴퓨터 한 대만 있으면 전 세계 웹사이트에 접속해서 자신이 원하는 정보를 얻을 수 있지요. 온라인 서점 아마존처럼 역사상 처음으로 인터넷에서 물건을 살 수 있는 전자 상점도 생겨났어요. 야후 같은 포털 기업들은 '새로운 미디어의 총아'라는 소리를 들었고요. 포털 기업의 설립자들은 슈퍼스타가 되었어요.

그런데 버핏은 달랐어요. 시대에 뒤떨어진 구닥다리 사람처럼 인터넷에 열광하지도, 관심을 갖지도 않았지요. 아니 조금의 관심은 있었지만, 인터넷 관련 회사의 주식을 전혀 사질 않았어요. 인터넷 관련 주들은 하늘 높은 줄 모르고 계속 오르는데, 모르쇠로 일관했던 거예요. 주식 시장에서 오르는 주식을 사지 않고, 앞으로도 살 생각이 없었으니 투자 실적이 형편없이 나빠졌어요. 버핏은 투자의 현인에서 시대의 변화에 둔감한 고집 센 구닥다리 노인 쯤으로 여겨지기 시작했습니다.

날개 잃은 천사?

1999년, 버핏은 게이츠에 이은 세계 두 번째 부자에서 마흔 번째로 순위가 밀려났어요. 무려 서른여덟 계단이나 떨어진 거예요. 인터넷에는 그를 비방하는 글이 쉬지 않고 올라왔지요.

"버핏은 노약자다. 주식을 팔아라."

버핏이 위독한 병으로 병원에 입원했다는 소문도 돌았어요. 경제 뉴스 케이블 채널《CNBC》의 진행자마저도 버핏이 사망했을지도 모른다고 보도했지요. 어떤 사람들은 더 심하게 험담했어요.

"고집불통에 인색하기 그지없는 노인네야."

그동안 버핏의 말 한마디도 놓치지 않으려 했던 언론들도 서서히 그를 비판하기 시작했어요. 2000년, 영국《선데이 타임스》신년호는 이런 기사를 썼지요.

"인터넷 주식 같은 기술주를 무시하는 바람에 버핏은 침팬지가 되어버린 것 같다."

버핏은 모든 사람의 조롱거리로 전락했고, 과거를 상징하는 인물이 되어버렸어요. 50년 가까이 쌓아온 공든 탑이 일시에 무너지는 것 같았지요. 마음이 더욱 불편했던 이유는 늘 자신을 믿어주던 버크셔의 주주들마저 등을 돌렸기 때문이에요. 그는 '추락한 천사'가 됐어요.

버핏은 원래 남에게 싫은 소리 듣는 걸 좋아하지 않아요. 근거 없는 이야기를 할 때는 더 그랬어요. 그는 자신의 투자 방법을 바꿀 생각이 전혀 없었지요. 오히려 조만간 인터넷 주식 같은 기술주의 거품이 꺼지면서 큰 손실을 입을 수 있다고 경고했어요.

부자로 죽는 건 부끄러운 일이야

하지만 대다수 사람들은 충고를 귀담아 듣지 않았어요. 버핏은 독립적으로 생각하고 투자하는 것이 중요하다고 생각해왔어요. 남이 인정해주느냐 아니냐는 투자에 도움이 되지 않는다고 여겼답니다.

"독립적으로 생각하지 않으면 절대로 성공하지 못합니다. 명백한 진리는, 사람들이 동의하느냐가 옳고 그름을 결정하지 않는다는 사실입니다. 어떤 투자가가 포착한 사실과 추론한 내용이 옳기 때문에 옳은 겁니다. 결국 그게 중요한 거죠."

그런데 이게 웬일일까요. 어느 날 갑자기 인터넷 등 기술 관련 주들이 추락하기 시작했어요. 1999년에 버핏이 경고했던 불길한 예언이 적중하는 순간이 온 거예요. 기술주들이 추락하고 그의 명성은 부활했어요. 기술주의 거품이 빠지면서 주가가 크게 폭락하자 버핏은 며칠 굶은 사람이 허기를 달래려 게 눈 감추듯 음식을 집어넣는 것처럼 여러 회사의 주식을 적극적으로 사들이기 시작했어요.

투자로 큰 손실을 입은 전 세계의 투자자들은 다시 버핏의 지혜를 얻고자 눈과 귀를 열어야 했지요. 그가 매년 투자 실적과 자신의 생각을 정리해서 올리는 주주 보고서를 읽기 위해 전 세계에서 접속하는 바람에 웹 사이트가 다운될 지경이었어요. 버핏을 의심했던 주주들도 돌아왔어요. 2001년 주주 총회는 다시 자리가 모자랄 정도로 사람들이 많이 모였답니다.

　1999년 버핏이 '추락한 천사' '침팬지' '노인네' 소리를 들을 때, 미국의 시사주간지《타임스》의 커버스토리 주인공은 아마존을 창업한 제프 베저스Jeff Bezos였어요. 그는 전자 상거래 업계 최고의 경영자이자 창업자예요. 한때 113달러에 거래되던 아마존 주식은 13달러까지 떨어졌었어요. 베저스는 이 일을 겪은 뒤 이렇게 말했어요.

　"기본적으로 버핏의 말에 귀 기울여야 합니다. 버핏이 말했던 몇 가지 내용은 정말 뼈아프게 고통스러웠습니다. 그 사람은 천재예요. 지금까지, 그 사람의 말은 모두 맞았으니까요."

부자로 죽는 건 부끄러운 일이야

저축과 투자의 차이,
그것이 궁금해요!

버핏을 두고 '투자가'라고 하지 '저축가'라고 하지 않죠? 왜 그럴까요? 저축과 투자는 비슷한 것 같지만, 들여다보면 커다란 차이가 있어요. 저축과 투자의 차이를 알아야만 내가 가지고 있는 돈을 잘 굴릴 수 있답니다.

먼저, 돈을 버는 방법이 달라요. 저축은 아껴서 돈을 버는 거예요. 아껴 쓰고 남은 돈을 은행에 넣어두는 게 저축이에요. 투자는 자신이 가지고 있는 주식이나 부동산의 가격이 오르면 팔아서 돈을 버는 거지요.

저축은 원금을 손해 보는 일이 거의 없어요. 은행이 망한다 해도 5000만 원까지 나라에서 보장해주니까요. 하지만 투자는 자칫하면 손해가 날 수 있어요. 만 원에 주식을 사서 9000원에 팔면 1000원이 손해가 나잖아요. 투자는 자유이지만 그 결과는 자신이 고스란히 책임져야 해요.

그럼 저축은 안전하고 투자는 위험한 것일까요? 그렇지만은 않아요. 저축도 위험할 수 있답니다. 아니, 원금이 보장된다더니 위험하다? 이게 무슨 말일까요? 돈의 의미를 한번 생각해보세요. 돈은 어떨 때 필요할까요? 물건을 사거나 미용실 같은 곳에서 서비스를 받을 때 필요해요. 돈이 있어야 하루하루 생활할 수 있지요.

그런데 물건의 가격물가이 오르면 어떻게 될까요? 물건의 가격이 오르는 것을 '인플레이션Inflation'이라고 해요. 1년 전에는 만 원을 주고 샀던 물건의 가격이 두 배 올랐다고 생각해보세요. 그러면 이제 만 원이 아니라 2만 원이 필요해요. 물가가 올랐다는 건 같은 물건을 사기 위해 더 많은 돈이 필요해졌다는 이야기예요. 물가가 오르면 이처럼 돈의 가치가 떨어지죠.

보람이는 돈을 열심히 아껴서 이자 3퍼센트를 주는 1년짜리 예금에 가입했어요. 그런데 뉴스를 보니 1년 동안 물가가 3퍼센트 올랐다고 해요. 과연 보람이는 돈을 번 것일까요? 아니에요. 물가가 올라 돈의 가치가 떨어져서 실제로는 돈을 하나도 벌지 못했답니다.

돈을 굴릴 때는 저축과 투자의 의미를 잘 알고 있어야 해요. 은행 이자가 낮아지면 안전한 저축만으로는 돈을 불릴 수가 없으니까요. 그래서 투자를 하는 거랍니다. 그렇다고 모든 돈을 투자에만 써서도 안 되겠지요. 가격이 크게 떨어져서 큰 손해를 볼 수도 있으니까요. 중요한 건 저축을 할지 투자를 할지 잘 판단하고 그것에 맞게 돈을 굴리는 거예요.

나누며 살아야
하는 이유

"나는 운이 좋은 사람입니다.

부모님은 훌륭하셨고, 좋은 교육을 받았습니다.

이 특별한 사회에서 큰 혜택을 받았습니다.

나는 그동안 살아오면서 재산은 모름지기

사회로 환원해야 하는 보관증 같은 거라고 생각했습니다."

워런 버핏

2006년 6월 25일, 미국에서 두 번째 가는 부자가 자신의 재산 대부분을 기부하겠다고 발표했어요. 이 소식을 들은 전 세계 사람들은 진심으로 감동했어요. 그 부자는 버핏이고, 기부를 받는 곳은 게이츠가 운영하는 '빌&멀린다 게이츠 재단'이에요. 누군가의 도움 없이 부자가 된 사람은 없어요. 그래서 재산을 사회에 내놓는 것이 당연하다는 게 버핏의 생각이랍니다.

유산세 폐지와 맞서 싸우다

1990년대 인터넷 거품을 경험하면서 버핏은 인간의 탐욕에 대해 생각하기 시작했어요. 1달러의 이익도 내지 못하는 기업이 인터넷 사업을 한다는 이유만으로 주가가 천정부지로 치솟는 것을 보면서, 인간의 욕심이 사회적으로 많은 문제를 낳을 수도 있다는 생각을 한 거예요. 특히 이미 많은 돈을 번 사람들이나 금융 회사가 자신의 이익을 위해 주식 시장의 거품을 이용하는 것을 보면서 더 이상 가만히 있을 수 없다는 결론을 내렸지요.

사실 버핏은 사회 문제나 정치 문제에 관해 공개적으로 이야기를 하는 편이 아니었어요. 투자에 관해서라면 솔직하게 자신의 입장을 드러냈지만, 사회 이슈에 대해서는 적극적으로 나서지 않았지요. 그러다가 버핏은 점차 자기가 언제 그랬냐는 듯 정치 사회 문제에 목소리를 내기 시작했답니다.

버핏의 정의감은 2000년대 초반, 부시 대통령의 새로운 예산안을 보는 순간 활활 타올랐어요. 정부 예산은 한 나라의 살림살이 계획이에요. 예산안을 보면 세금을 어떻게 걷고, 걷은 세금을 어디에 쓰는지 알 수 있어요. 그런데 부시 대통령의 예산안에는 수십 년 동안 계속되어왔던 '유산세'를 점차 폐지한다는 내용이 들어 있었지요.

부자로 죽는 건 부끄러운 일이야

유산세는 우리나라에서는 '상속세'라고 불러요. 부의 대물림으로 사회적 불평등이 깊어지는 것을 막기 위해서 부과하는 거예요. 유산을 상속받으면 세금을 내야 해요. 우리나라뿐 아니라 대부분의 나라가 이 제도를 도입하고 있어요. 그런데 부시 대통령이 유산세를 없애겠다고 나온 거예요.

유산세를 비판하는 사람들은 유산세를 '사망세'라고 불렀어요. 어떻게 죽음에 대해서 세금을 매기느냐는 논리로 유산세 폐지를 주장했어요. 하지만 버핏의 생각은 완전히 달랐어요. 유산세는 유산세일 뿐이지 사망세가 아니라는 거죠. 그는 유산세는 사망세라는 주장에 대해 조목조목 반박했어요.

> 미국에서 발생하는 사망자 약 230만 명 가운데 약 2퍼센트인 5만 명도 안 되는 사람만이 유산세를 납부합니다. 총 납부되는 유산세 가운데 절반은 겨우 4000명도 안 되는 사람에게 집중되어 있지요. 자기 돈을 자기 마음대로 하는데 무슨 문제냐고 이야기할 수도 있습니다. 하지만 그 사람들이 부자가 된 것은 사회의 도움이 있었기 때문입니다. 일정 부분은 사회에 빚을 진 것이지요. 아프리카 말리에서 굶주리는 다섯 아이 가운데 한 명으로 환생한 뒤, 코트디부아르 코코아 농장에서 노예로 일하면서 얼마나 부자가 될지 두고 본다면, 그들은 지금처럼 부자가 될 수 없을 겁니다.

부자들이 자기네가 가진 걸 더 많이 갖고 또 후손에게 물려주는 것을 정부가 나서서 조장한다면 '부자들에 의한, 부자들을 위한 정부'로밖에 부를 수 없습니다.

부자는 세금을 더 내야 합니다

버핏이 심각하게 생각한 건 이미 부자가 된 사람들이 단순히 자기 노력으로만 부자가 됐다고 여기는 거예요. 세상에 누군가의 도움 없이 부자가 된 사람은 없기 때문에 재산을 사회에 내놓는 것이 당연하다는 게 그의 생각이랍니다.

다행히도 버핏만 이런 생각을 한 건 아니었어요. 영화배우 폴 뉴먼, 게이츠의 아버지 빌 게이츠 시니어, 세계적인 투자가 조지 소로스 등 200여 명의 사람이 유산세 폐지에 반대한다는 내용을 《뉴욕 타임스》에 실었어요.

버핏은 이들을 지지했어요. 하지만 신문에 자신의 이름을 싣지는 않았지요. 단순히 반대하는 것만으로는 부족하다고 판단했어요. 유산세 폐지와 맞서 싸우면서 자신이 그동안 번 돈을 사회에 내놓기로 결심했어요.

이런 생각을 구체적인 행동으로 옮긴 건 중국 여행을 마친 뒤예요. 게이츠의 제안으로 버핏은 17일간 중국 여행길에 올랐지요.

부자로 죽는 건 부끄러운 일이야

버핏이 장거리 여행을 할 때마다 가장 힘들어하는 건 음식과《월스트리트 저널》이에요. 생선회를 끔찍하게 싫어하고 야채도 별로 좋아하지 않기에 여행할 때도 햄버거나 체리 코크처럼 평소에 즐겨 먹던 음식만 먹어요. 또 하나. 하루라도《월스트리트 저널》을 보지 않으면 도저히 견딜 수가 없어요. 그래서 중국으로 가기 전에 요청했답니다.

"나는 중국 음식은 안 먹어요. 정 뭣하다면 그냥 밥만 주면 돼요. 그 밥을 들고 다니면 되니까. 하루 일정이 끝나면 나는 내 방으로 갈 겁니다. 가서 땅콩을 먹을 거예요. 그리고 날마다《월스트리트 저널》을 갖다 줘요. 그게 없으면 정말 힘드니까요."

게이츠는 버핏의 요청을 흔쾌히 받아들였지요. 그를 위해 특별히 햄버거와 감자튀김을 준비했고, 신문도 매일 볼 수 있게 해주었어요.

버핏은 여행 중에도 게이츠와 쉬지 않고 대화했어요. 보통 여행을 하면 여행지의 풍경이나 문화재를 이야기하고, 그 나라의 이국적인 음식을 궁금해하지요. 하지만 그들은 사업과 주식 이야기만 잔뜩 했답니다. 대화 내용에는 게이츠가 창업한 마이크로소프트 주식의 가치가 얼마나 되는지도 포함되었어요.

중국 여행길의 마지막은 홍콩이었어요. 한밤중에 홍콩에 도착한 버핏은 게이츠 부부를 끌고 곧바로 맥도날드로 가서 햄버거를 사 먹었지요. 홍콩에서 샌프란시스코로 가는 동안, 그리고 샌프란시스코에서 오마하로 돌아가는 동안 내내 신문만 읽었답니다.

그런데 이 여행에서 버핏은 영원히 잊을 수 없는 충격적인 광경을 보았어요. 그건 평생토록 관광객이 탄 보트의 물살을 거스르며 힘겹게 살아야 하는 남자들의 모습이었어요. 자신은 미국에서 태어나 돈을 벌 수 있는 기회를 얻었지만, 다른 누군가는 관광객을 보트에 싣고 끌어야 했지요. 많지 않은 돈을 벌기 위해 죽도록 일해야 한다는 사실을 결코 잊을 수가 없었습니다.

죽을 때까지 일하며 나누고 산다는 것

예순다섯 살의 버핏은 자신의 인생을 돌아보는 시간을 갖고 있었어요. 고향 오마하에서 스물여섯 살에 작은 투자 조합을 만들었고, 일곱 명이 10만 5000달러를 그에게 투자했지요. 네 명의 가족과 세 명의 친구가 그를 믿고 돈을 맡겼어요. 그로부터 약 50년의 세월이 흘러 버핏은 세계에서 1, 2등을 다투는 부자가 되었어요. 많은 사람에게 '투자의 현인'이라고 칭송받게 됐고, 존경받는 투자가가 되었지요.

버핏이 50년 인생을 돌아보며 읽은 책은 강철왕 카네기가 1889년에 펴낸 『부의 복음』이랍니다. 기부를 하고자 하는 갑부들의 경전이라 불리는 책이에요. A4용지로 치면 대여섯 장에 불과한 책이지만 그 영향력은 어마어마했어요.

카네기는 돈은 겉보기엔 개인이 소유한 것 같지만 그 원천은 사회라고 생각했어요. 카네기는 19세기에 미국에서 철도, 교량, 자동차가 등장하면서 철강에 대한 필요가 급격하게 늘어났기 때문에 자신이 부자가 됐다는 사실을 잘 알고 있었어요. 버핏이 자신이 1930년대 미국에서 태어나지 않고 원시시대에 태어났다면, 달리기를 잘 못해서 동물에게 잡아먹혔을 거라고 말하는 것과 같은 뜻이에요.

카네기가 살았던 시대에 철도, 교량, 자동차가 크게 발전하지 않았다면 그는 강철을 팔 수 없었을 테지요. 큰 부자도 될 수 없었을 거예요. 그래서 카네기는 이렇게 말했어요.

"부는 개인이 아니라 공동체 전체의 것입니다."

카네기는 회사를 팔아서 큰돈을 번 뒤에 사업가가 아닌 기부가로 제2의 인생을 살았어요. 집안 형편 때문에 학교 교육을 제대로 받지 못했던 그는 도서관에서 책을 읽으며 필요한 지식을 쌓았지요. 자신이 성공할 수 있었던 큰 힘은 도서관이라고 생각했어요. 그래서 카네기는 도서관 짓는 것을 매우 좋아했답니다. 그가 미국에 세운 도서관만 해도 5000개가 넘어요.

카네기는 공원, 대학, 미술관, 박물관, 병원, 음악당처럼 많은 사람에게 도움이 될 만한 공공시설에 많은 기부를 했어요.

"부자로 죽는 건 망신이고 치욕입니다."

이런 생각을 가진 카네기는 살아생전에 재산의 90퍼센트를 기부했어요. 보통 유언장을 통해 기부하는 다른 부자들과 달랐어요. 살아 있을 때 기부를 실천한 선구자였답니다.

버핏은 『부의 복음』을 혼자만 읽지 않았어요. 스승 그레이엄 밑에서 같이 공부하고 일했던 친구들을 중심으로 모임을 만들었는데, 이 자리에서 같이 토론했어요. 친구들도 버핏만큼은 아니지만 상당한 재산을 모았거든요. 각자 나름의 방식으로 기부를 진지하게 고민하고 있었어요. 버핏은 친구들에게 이렇게 말했지요.

"우리의 재능을 가장 잘 발휘하는 길은 죽을 때까지 계속해서 돈을 버는 거 아닐까."

얼핏 들으면 무슨 말인지 아리송한데 알고 보면 속 깊은 다짐이에요. 카네기는 큰돈을 번 뒤에 사업을 접고 기부가로만 살았는데, 자신은 재능을 살려 죽을 때까지 돈을 벌면서 기부도 같이 하겠다는 거예요. 오랜 세월 버핏은 자기가 가진 돈을 사회에 바로 환원하는 것보다 그 돈을 더 크게 불려서 나중에 되돌리는 게 최상이라고 생각해왔어요.

2005년 12월, 하버드 대학교 경영대학원 학생들을 대상으로 한 연설에서도 버핏의 생각을 엿볼 수 있어요.

부자로 죽는 건 부끄러운 일이야

"저는 이제 돈 버는 것으로는 사회에 커다란 기여를 하지 못하는 것 같습니다. 최근에는 돈을 나누는 일에 대해 더 많이 생각하고 있어요."

이 자리에서 버핏은 빌&멀린다 게이츠 재단에 대해서도 이야기했어요. 다른 어떤 자선 사업가보다도 게이츠 부부를 존경한다고요. 두 사람은 자신의 자선 행위가 알려지는 걸 바라지 않았지요. 자기들 이름을 딴 건물을 세우는 걸 좋아하지도 않았고요. 버핏은 이 점이 마음에 들었어요.

나는 로또에 당첨된 행운아

버핏은 그동안 나눔에 대해 생각해왔던 것들을 정리했습니다. 그리고 드디어 그의 계획을 세상에 꺼낼 날이 왔지요.

2006년 6월 25일. 미국에서 두 번째 가는 부자가 다른 사람의 이름으로 되어 있는 재단에 재산 대부분을 기부하겠다고 발표했어요. 그 부자는 버핏이고, 그 돈을 기부 받는 곳은 빌&멀린다 게이츠 재단이에요. 버핏은 그렇게 큰 재산을 기부하면서 아무런 조건도 내걸지 않았답니다. 돈을 어디에 사용하는지 밝히라고 요구하지 않았고, 어떤 간섭도 하지 않겠다고 했어요. 그는 발표장에서 특유의 짓궂은 표정을 지으며 입을 열었어요.

기부 운동을 펼치고 있는 버핏(오른쪽)과 게이츠(왼쪽)

나는 운이 좋은 사람입니다. 미국에서 1930년에 태어났으니까요. 세상에 태어난 바로 그 순간, 나는 복권에 당첨된 거나 다름없었어요. 부모님은 훌륭하셨고, 좋은 교육을 받았습니다. 이 특별한 사회에서 큰 혜택을 받았습니다. 만일 내가 훨씬 전에 태어났거나 다른 나라에서 태어났더라면, 내가 받은 혜택의 양상은 달라졌을 겁니다.

(중략)

나는 그동안 살아오면서 재산은 모름지기 사회로 환원되어야 하는 보관증 같은 거라고 생각했습니다. 왕조 시대처럼 대를 이어 재산을 물려주는 걸 찬성하지 않았지요. 특히 우리보다 훨씬 열악한 삶을 사는 60억 인류를 생각하면 더욱 그렇습니다.

(중략)

빌 게이츠가 올바른 목표와 훌륭한 철학으로 성별, 종교, 지역, 인종을 따지지 않고 전 세계 인류의 삶을 개선하기 위해 온 열정을 다해 집중한다는 사실을 잘 알고 있습니다. 그래서 돈을 누구에게 맡겨야 할지 결정하는 것은 어렵지 않았습니다.

버핏은 '난소 로또'라는 말을 자주 해요. 이 말에는 그의 기부 철학이 담겨 있답니다. 난소는 난자를 만드는 여성의 생식기관이에요. 난자와 정자가 결합해 새 생명이 태어나지요. 버핏은 자신이 부자가 된 것은 운 좋게도 1930년대 미국에서 태어났기 때문이라고 생각해요. 또 좋은 부모님을 만났고, 훌륭한 스승 밑에서 공부하고 일할 수 있었기 때문이라고 여기지요.

버핏은 항상 자신은 로또 복권에 당첨된 것 같은 행운을 누렸다고 이야기해요. 그러니 난소 로또에 당첨된 자신은 세상의 잘못된 불평등을 막는 데 힘쓸 의무가 있다는 거예요. 중국 여행길에 만난, 평생 거센 물길을 거슬러 올라야 하는 남자들은 그들이 못나서가 아니라 기회가 없어서 힘겹게 사는 거라고요.

> 우리가 탄 보트를 끌던 남자들 가운데는 아마도 빌 게이츠가 되었을 사람도 있을 겁니다. 그 사람은 거기서 태어났기 때문에 관광객이 탄 보트를 끌면서 평생을 보내겠지요. 그 사람들에게는 기회가 주어지지 않았고, 지금도 마찬가지예요. 우리가 로또에 당첨된 건 정말 순전히 운이 좋아서입니다.

부자로 죽는 건 부끄러운 일이야

버핏은 왜 기부 서약서를 썼을까요?

www.givingpledge.org

이 사이트를 우리말로 번역하면 '기부 서약'이라고 할 수 있어요. 게이츠와 함께 마이크로소프트를 창업한 폴 앨런, 최초로 24시간 뉴스 생방송 채널 《CNN》을 설립한 테드 터너, 세계 최대 인터넷 경매 회사 이베이의 창업자 피에르 오미디아르 부부 등 미국의 내로라하는 부자들이 기부 서약서를 이 사이

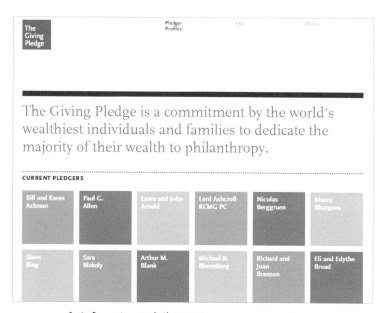

미국 부자들의 기부 서약서를 볼 수 있는 'The Giving Pledge' 홈페이지

트에 올려놓았답니다.

이들은 자신이 부를 쌓은 건 자기가 노력해서만이 아니라 사회의 도움이 있었다고 믿지요. 그래서 재산을 사회에 내놓겠다고 공개적으로 선언하는 거예요. 버핏도 이 사이트에 기부 서약서를 썼어요. 그가 꿈꾸는 세상은 누구나가 승리를 얻으려고 자유롭게 겨룰 수 있고, 승자가 패자에게 도움을 주어서 승자와 패자의 격차가 줄어드는 사회예요. 자유롭게 자신의 이익과 이상을 추구하면서도 패자에게 따뜻한 세상을 바라고 있답니다.

왜 버핏이 뛰어난 투자가를 넘어서 존경받는 부자가 됐는지 이 기부 서약서를 보면 잘 알 수 있을 거예요.

기부 서약서

2006년, 나는 내가 보유하고 있는 버크셔 해서웨이 주식 전부를 장기간에 걸쳐 자선 단체에 기부하겠다는 서약을 한 바 있다. 이 생각은 여전히 변함없으며 잘한 결정이라고 생각한다.

나는 현재 빌&멀린다 게이츠 재단과 함께 수백 명에 달하는 미국 부유층에게 재산의 절반을 자선 단체에 기부하도록 독려하고 있다. 이 서약서를 통해 내가 이러한 노력을 기울이는 목적과 이유에 대해 설명하려고 한다.

첫째, 나는 일생에 걸쳐, 아니 사후까지도 재산의 99퍼센트 이상을 사회에 환원할 것이다. 이는 절대 적은 액수가 아니다. 하지만 상대적으로 봤을 때 많은 사람이 지금 이 순간에도 이보다 더 많은 돈을 기부하고 있다. 현재 교회, 학교, 단체에 정기적으로 기부하는 기부자가 수백만 명에 이른다. 이들은 자신이나 가족의 안위를 위해 돈을 사용하는 대신 다른 사람들을 위해 사용하겠다고 마음먹은 것이다. 영화를 보러 가거나 외식을 하거

부자로 죽는 건 부끄러운 일이야

나 다른 소소한 일상을 즐기는 것을 포기하고 유나이티드 웨이United Way, 미국의 자선 단체 등에 기부하는 것이다. 하지만 우리 가족은 재산의 99퍼센트를 기부한다 해도 필요한 것을 포기해야 하는 것은 아니다.

더욱이 이 기부 선언에는 나의 가장 소중한 재산인 '시간'을 기부하는 것은 포함되지 않는다. 우리 세 아이들은 다른 많은 사람처럼 어려운 이웃을 돕는 데 시간을 할애하며 재능 기부를 몸소 실천하고 있다. 개인적으로 뿌듯하게 생각한다. 이런 기부는 때로는 돈보다 훨씬 값진 선물이 될 수 있다. 불우한 환경에 처해 있는 아이들의 친구가 되어주고, 마음으로 따뜻하게 위로해주는 것은 돈으로 살 수 없는 최고의 선물이다. 누나 도리스 또한 어려운 이웃을 직접 만나 도움의 손길을 전하고 있다. 하지만 나는 부끄럽게도 이런 활동에 직접 참여해본 적이 거의 없다.

대신 내가 할 수 있는 일은 내가 소유하고 있는 버크셔 해서웨이의 주식돈으로 환산하면 큰 금액이다을 단지 운이 나빠 가난하게 태어난 사람들을 위해 사용하는 것이다. 지금까지 나는 이미 이 세상을 떠난 아내가 기부한 것까지 합쳐 주식의 20퍼센트를 사회에 기부했다. 그리고 매년 주식의 4퍼센트를 기부할 계획이다. 그런데 기부금을 재단을 위해 사용하지는 않을 것이다. 대신 지금 직면해 있는 현실적인 문제를 해결하는 데 사용했으면 하는 바람이다.

이 서약서로 나와 우리 가족의 삶이 영향을 받지는 않을 것이다. 나는 이미 자녀들에게 필요한 만큼 재산을 물려줬으며, 아이들은 앞으로도 더 많은 재산을 상속받게 될 것이기 때문이다. 덕분에 아이들은 편안하고 안정적인 삶을 즐기고 있다. 나 또한 원하는 것을 할 수 있는 삶을 계속 살아갈 것이다.

물질적 풍요가 내 삶을 윤택하게 해주는 것은 사실이다. 하지만 전부 그런 것은 아니다. 예를 들어 나는 전용기를 소유하는 것은 좋아하지만, 여러 부동산을 소유하는 것은 오히려 짐처럼 느껴진다. 사람이 물건을 소유하는 것이 아니라 물건이 사람을 소유하게 되는 경우를 자주 보아왔다. 나에게 건강 다음으로 소중한 자산은 함께 있으면 즐겁고, 오랜 시간 우정을 나눌 수 있는 각양각색의 친구다.

내가 부자가 될 수 있었던 이유는 미국에서 좋은 유전자를 갖고 태어났다는 것과 복리 덕분이었다. 이른바 '난소 로또'에 당첨된 것이다. 1930년에 미국에서 신생아가 태어날 확률은 30대 1이었다. 내가 백인 남성이라는 사실은 당시 대다수의 미국인이 직면해야 했던 장벽을 넘어서는 데 유리하게 작용했다. 이 행운은 때로 왜곡된 결과를 가져오기도 하지만, 미국 경제를 잘 굴러가도록 하는 시장 시스템으로 인해 한 층 더 강화되었다. 미국에서는 전쟁터에서 다른 사람의 목숨을 구한 군인은 훈장으로 보상을 받고, 학부모들은 우수 교사에게 감사 편지thankyou note로 고마움을 전한다. 그런데 현재 주가가 적정 수준이 아니며 올라가거나 내려가게 될 것이라는 사실을 남들보다 빨리 간파하는 사람은 수십억에 달하는 금전적 보상을 받고 있다.

내가 재산의 1퍼센트 이상을 가족을 위해 사용한다고 해서 우리 가족의 삶의 질이 지금보다 윤택해지는 것은 아니다. 하지만 재산의 99퍼센트를 다른 사람을 위해 사용한다면 그들의 삶에 엄청난 변화를 가져올 것이라고 믿어 의심치 않는다. 그래서 "필요한 만큼만 소유하고 나머지는 어려운 이웃을 위해 사회에 환원한다"는 신념을 갖게 되었다. 이 기부 서약도 이러한 신념에 뿌리를 두고 있는 것이다.

● 이 글은 미래에셋 은퇴연구소의 이승아 연구원이 번역했습니다.
  좋은 번역을 해준 이승아 연구원에게 감사의 말을 전합니다.

부자로 죽는 건 부끄러운 일이야

워런 버핏처럼

투자가를 꿈꾼다면

투자와 관련된 직업에는 어떤 것이 있을까?

투자와 관련된 일에는 여러 가지가 있어요. 그 중 대표적으로 주목받는 사람은 애널리스트, 펀드매니저, 금융자산관리사랍니다. 나에게는 어떤 직업이 어울릴까요? 먼저 차근차근 살펴보세요.

분석하기 좋아하고 발표 시간이 즐겁다면?
주식을 분석하는 애널리스트

- 경제학, 경영학, 통계학을 전공하면 유리해요
- 이공계 전공자도 많아지고 있어요
- 발표 능력이 가장 중요해요

애널리스트Analyst는 '분석하는 사람'이라는 뜻이에요. 기업 분석에서 시장 예측까지 주식과 관련된 모든 분석을 한답니다. 그런데 자동차 산업도 분석하고 반도체 산업도 분석하기는 조금 어려워요. 한 분야만 분석하기도 쉽지 않거든요. 그래서 애널리스트들은 자신의 담당 분야가 있어요.

애널리스트 중에는 경제학, 경영학, 통계학을 전공한 사람이 많아요. 기업 경영이나 경제 상황을 숫자를 동원해 분석해야 하니까요. 그렇다고 애널리스트가 되기 위해 이런 공부만 할 필요는 없어요.

최근에는 이공계 출신 애널리스트도 많아지고 있어요. 이공계를 졸업하고 자동차나 반도체 회사를 다니다가 애널리스트로 변신하는 경우가 많아요. 삼성전자에서 연구원으로 있다가 애널리스트가 되기도 하거든요. 처음부터 증권 회사에 입사해서 애널리스트로 일한 사람보다 해당 기업의 기술력을 더 잘 분석할 수 있기 때문에 이공계 출신 애널리스트가 점차 늘어나는 추세예요.

애널리스트는 수학과 통계에 관한 지식도 있어야 하지만 말을 잘하고 글을 잘 쓰는 능력도 중요하답니다. 수치로 분석한 내용을 글로 적는 게 애널리스트의 주요 업무거든요. 아무리 분석을 잘해도 다른 사람이 이해하지 못하면, 그 보고서의 가치는 떨어질 수밖에 없으니까요. 애널리스트는 다른 사람들 앞에서 발표를 해야

워런 버핏처럼 투자가를 꿈꾼다면

할 일이 많아요. 자신이 분석한 내용을 조목조목 잘 발표하지 않으면 다른 사람들을 설득할 수 없을 거예요.

애널리스트는 매우 많은 일을 해요. 새벽부터 밤늦게까지 일하는 경우가 허다하지요. 가장 화려한 직업이지만 일도 가장 많다고 할 수 있어요.

경제를 공부하고 알아가는 일이 신 난다면?
주식을 사고팔아 수익을 올리는 큰손, 펀드매니저

● 경제 공부를 게을리하면 안 돼요
● 자기관리를 철저하게 해야 해요
● 남을 속이지 않는 윤리 의식이 필요해요

1조 원은 만 원짜리로 몇 장이나 있어야 할까요? 무려 1억 장이에요. 그리고 만 원짜리 1억 장을 움직이는 사람이 바로 펀드매니저예요. 펀드매니저란 여러 사람이 투자한 펀드기금를 책임지고 운용하는 사람이에요. 펀드 중에 규모가 큰 것은 1조 원이 넘어가요. 애널리스트가 분석하는 직업이라면, 펀드매니저는 직접 주식을 사고파는 사람이에요. 애널리스트가 얼마나 예측과 분석을 잘하는지로 평가받는다면, 펀드매니저는 수익률로 평가를 받아요.

워런 버핏, 부는 나눠야 행복해져

주식을 사고팔아서 얼마의 수익을 냈는가가 펀드매니저를 평가하는 기준이지요.

펀드매니저가 되기 위해서는 펀드를 운용하는 회사인 자산운용사에 취직을 해야 해요. 자산운용사에 취업했다고 모두 펀드매니저가 될 수는 없어요. 대부분은 애널리스트로 분야에서 전문성을 갖춘 뒤 펀드매니저 일을 시작한답니다.

펀드매니저는 화려한 직업이지만 스트레스가 심하기도 해요. 날마다 수익률로 평가를 받기 때문에 실적이 나쁘면 극심한 스트레스를 받을 수밖에 없어요. 수익률이 계속 떨어지면, 펀드에 돈을 맡긴 사람들이 돈을 빼서 다른 곳으로 가버리니까요. 반대로 빼어난 실적을 보이면, 언론에서도 스타 대접을 해주고, 사람들도 계속해서 투자 금액을 늘려가지요.

펀드매니저는 매일 주식을 어떻게 사고팔지 결정해야 하기 때문에 평소에도 기업 분석을 하고, 주식 시장의 흐름을 놓치지 않기 위해 공부를 게을리해서는 안 되는 직업이에요. 그래서 어떤 펀드매니저는 일을 하는 주중에는 절대 술을 마시지 않는답니다.

다른 사람의 돈을 관리하기 때문에 엄격한 윤리 의식도 있어야 해요. 나쁜 마음을 먹고 주식에 투자해서 부당한 돈을 받는다든지 하면, 고객에게 손해를 입힐 수도 있으니까요. 주식에 대한 깊은 지식과 투철한 윤리 의식이 필요한 일이지요.

워런 버핏처럼 투자가를 꿈꾼다면

돈을 계산하고 관리하는 재미에 빠져 있다면?

현대판 집사, 금융자산관리사

● 경제 흐름을 놓치지 않아야 해요
● 남의 입장에서 생각하고 배려하는 마음이 중요해요
● 항상 연구하는 자세가 필요해요

금융자산관리사는 말 그대로 '금융자산'을 '관리'해주는 사람이에요. 보험, 예금, 적금, 펀드 같은 말을 한 번쯤은 들어봤을 거예요. 이게 다 금융 상품이랍니다. 이렇게 금융 상품은 종류도 많고 내용도 복잡하잖아요? 그래서 한 사람이 모든 상품에 대한 정보를 알고, 본인의 경제 형편에 맞게 투자를 하기가 쉽지 않답니다. 그래서 도움이 필요하지요. 이들을 전문적으로 도와주는 사람이 금융자산관리사예요.

금융자산관리사는 고객의 수입과 지출, 재산 현황을 파악한 뒤에 경제 흐름에 맞게 금융 상품을 추천하고 포트폴리오를 짜주는 일을 해요. 이런 의미에서 '현대판 집사'라고 하는 거랍니다.

금융자산관리사는 금융 회사마다 다양한 이름으로 불러요. '재무 컨설턴트' '웰스 매니저Wealth Manager' 등으로요. 돈이 많은 사람들을 대상으로 자산 관리를 해주는 사람은 '프라이빗 뱅커Private

Banker'라고도 해요. 이름은 각각 다르지만 하는 일을 대부분 비슷하지요.

금융자산관리사가 되기 위해 특별한 자격이 필요한 건 아니에요. 고객을 배려하는 마음, 고객의 입장에서 생각하는 마음을 가진 사람이라면 누구나 될 수 있어요. 금융자산관리사는 시시각각 변하는 경제 흐름을 놓치지 않아야 해요. 고객의 형편에 맞게 포

금융 자산
관리사

펀드
매니저

애널리스트

트폴리오를 짜야 하기 때문에 신문이나 잡지 등을 통해 경제 공부를 해야 하고요. 새로운 금융 상품이 나올 때마다 공부해서 고객에게 설명해야 하므로 항상 연구하는 자세가 필요하답니다.

여기서 잠깐

포트폴리오란?

포트폴리오는 이탈리아에서 유래된 단어예요. 이탈리아 상인들이 서류를 정리하기 위해 서류 집게로 철을 해두었는데, 이걸 포트폴리오라고 불렀어요. 이 말이 금융시장에 넘어오면서 여러 금융 상품에 나눠 투자한다는 의미로 발전했지요. 그러니까 포트폴리오는 '금융 상품 바구니'라고 생각하면 돼요. 한 가지 상품에 몰빵 투자하는 것보다 여러 상품에 나눠 투자하면 어떤 금융 상품으로 손해를 보더라도 다른 상품에 투자한 돈은 남아 있잖아요. 그래서 더 안정적으로 재산을 운용할 수 있어요. 오늘날에는 대부분 여러 상품으로 포트폴리오를 짜서 분산투자를 하는 게 보통이에요.

투자가가 되려면
무엇을 준비해야 할까?

투자가가 되는 길은 따로 없다? 정말 그럴까요? 투자가를 꿈꾼
다면 지금부터 무엇을 해야 하는지 알아보세요.

1. 학교, 전공은 무엇이든 좋다!

▶경제학, 경영학 전공자가 많은 편

투자가는 다른 직업과 다르게 전공에 크게 영향을 받지 않아요.
반드시 어떤 학교에 가야 한다고 따로 정해진 게 없지요. 어떤 전
공을 하더라도 주식이나 경제를 잘 알고 공부하면 되니까요. 그래
서 편할 것 같지만 알고 보면 더 어려울 수도 있답니다.

대부분의 투자가들은 처음에는 금융 회사에 입사해서 경력을
쌓는데요, 증권 회사나 은행도 직원을 뽑을 때 전공에 제한을 두

지 않는답니다. 그래도 합격자의 상당수는 경제학이나 경영학을 전공한 사람이에요. 물론 다른 전공으로 대학교를 졸업했지만, 대학원에 가서 경제학이나 경영학을 공부하는 경우도 있고요.

2. 융합형 인재가 될 테야

▶많이 읽고, 많이 보고, 많이 생각하기

'융합형 인재'라고 들어봤나요? 요즘은 어느 한 분야만 파고드는 사람보다는 여러 분야에 관심을 갖고 통합적으로 생각할 줄 아는 사람이 투자 시장에서도 인기가 높아요. 이런 사람을 융합형 인재라고 부른답니다.

세상은 점점 복잡해지고, 기술 발전 속도는 빨라졌지요. 정보가 넘치다 보니 소비자는 더 깐깐해졌고요. 그래서 폭넓은 사고를 하지 않으면 이런 흐름에 대응할 수 없어요. 금융 회사가 직원을 뽑을 때도 마찬가지겠죠? 무엇을 전공했느냐보다는 얼마나 창의적으로 폭넓은 사고를 하느냐를 더 중요하게 생각해요.

그렇다면 폭넓은 사고를 하려면 어떻게 해야 할까요? 버핏이야말로 정답을 알고 있었지요. 버핏은 읽기광이었잖아요. 맞아요, 버핏은 경제나 주식에 관련된 것들을 닥치는 대로 읽었어요. 그것뿐이었을까요? 버핏이 좋아하는 신문에는 경제뿐 아니라 정치, 문화, 사회 등 다양한 분야의 소식이 실려 있었어요. 버핏은 다양한 분야를 읽고 여기에서 그친 게 아니라 읽은 내용을 바탕으로 앞으로 경제 흐름은 어떻게 될까, 사회는 어떻게 변화할까를 수없이 생각했답니다.

3. 세계화된 시각을 갖추자

▶외국 대학의 경영대학원(MBA) 진학

전 세계적으로 눈 깜짝할 사이에 엄청난 금액이 거래되는 주식 시장에서는 세계화된 시각이 필요해요. 우리나라에서 하루 평균 거래되는 외환거래량_{달러 등 다른 나라 돈이 거래되는 양}은 46조 원이 넘어요. 이 정도는 사실 미국, 영국, 싱가포르, 홍콩과 비교해보면 적은 규모이지요. 금융 선진국에서는 우리나라의 수십 배, 수백 배의 돈이 하루에 거래된답니다.

해외 비즈니스가 많아지면서 외국 대학의 경영대학원_{MBA} 출신들이 주식 시장에서 많이 일하고 있어요. 고등학교를 마치고 곧장 유학을 간 사람도 있고, 국내에서 직장 생활을 하다가 외국에서 경영대학원을 마친 사람도 있지요.

4. 금융공학 분야를 주목하자

▶이공계 지식을 바탕으로 분석하기

최근에는 수학이나 물리학을 전공한 사람이 주식 시장에서 일하는 경우가 점점 많아지고 있어요. 컴퓨터, IT 같은 디지털 기술의 발달로 주식 시장에서도 수학과 물리학 등의 지식을 활용할 수 있는 기회가 많아졌기 때문이에요. 바로 '금융공학'이라는 분야지요.

금융공학은 수학 지식을 바탕으로 금융 상품을 만들거나 고객의 자금을 운용하는 걸 말해요. 디지털과 금융이 결합되면서 이공계 전공자들이 더 많이 필요해졌어요.

MBA란?

여기저기서 자주 들어본 말이죠? MBA는 Master of Business Administration의 약자예요. 경영학 석사를 뜻한답니다. 경영학 이론을 배우면서 실제 상황에 적용하는 훈련을 하는 과정이에요. 회사 경영에 대한 감각을 기르고 지식을 넓힐 수 있는 실용적인 학문이지요. 기업이 성장하고 산업이 다양해지면서 더욱 인기가 많아졌어요. 보통 유럽은 1년 과정이고, 미국은 2년 과정이에요.

주식에 투자하려면 어떻게 해야 하나?

어렸을 때부터 주식 투자를 했던 버핏처럼 이제 우리도 증권 거래를 직접 해볼까요? 투자에 성공하려면 명심해야 할 점도 콕콕!

1. 증권 회사에 계좌 개설

▶누구나 투자할 수 있지만 시장 분석이 가장 중요해요

주식에 투자하기 위해 필요한 자격증이나 조건은 없어요. 증권 회사에 계좌를 개설하고, 주식을 사거나 파는 주문을 내면 된답니다. 물론 계좌에 돈이 들어 있어야 해요. 한 주에 10만 원 하는 주식을 10개 사려고 하면, 100만 원이 조금 넘는 돈이 있어야 하지요. 100만 원보다 조금 많은 금액이 필요한 이유는 증권 회사에 거래 수수료를 내야 하기 때문이에요. 증권거래세라는 세금도 내야 하고요.

주식 투자는 계좌와 돈만 있으면 누구나 할 수 있지만 주식으로 돈을 벌기란 결코 쉬운 일이 아니에요. 투자하려는 기업을 철저하게 분석해야 하고, 어느 가격에 사고팔지 신중하게 결정해야 하니까요. 그러려면 많은 시간과 노력이 필요하지요. 그래서 주식 투자를 쉽게 보고 시작했다가 큰돈을 잃는 사람이 적지 않아요. 주식 투자에서 무엇보다 중요한 것은 시장 분석이랍니다.

2. 경제는 물론 인문학 공부까지

▶인간과 사회를 이해해야 투자에 성공할 수 있어요

유명한 투자가 중에는 경제뿐 아니라 다른 다양한 분야를 공부하는 사람이 많답니다. 특히 철학이나 역사 같은 인문학이요. 왜 그런 걸까요?

'월가의 살아 있는 전설'로 불리는 펀드매니저 피터 린치는 대학생을 대상으로 하는 주식 투자 강의를 요청받은 적이 있어요. 이 자리에서 린치는 주식 이야기를 거의 하지 않았답니다. 대부분 철학에 대해 이야기했지요. 주식 투자에 성공하려면 인간을 이해하는 것이 중요한데, 인간을 이해하기 위해서는 인간을 다루는 학문인 철학을 알아야 함을 강조하기 위해서였어요. 그리스 로마 철학부터 현대 철학까지, 철학에 대한 자신의 생각을 풀어놓았지요.

또 다른 스타 펀드매니저인 빌 밀러는 아예 철학박사 학위를 받았어요. 밀러는 자신이 속해 있는 투자 회사의 직원들과 함께 정기적으로 세미나를 한답니다. 이 세미나에는 주식에 대한 내용은 거의 없어요. 자연과학, 사회과학, 철학, 역사학이 연구하는 새로운 내용을 살펴보고 진화론, 금융 역사 같은 것을 공부해요.

버핏의 동지이자 파트너인 멍거도 심리학에 조예가 깊은 것으로 유명해요. 멍거의 별명 중 하나가 '아마추어 심리학자'거든요. 멍거는 투자에 성공하기 위해서는 사람에 대한 이해가 반드시 필요하다고 생각해요. 그래서 인간의 심리

투자에 성공하려면 인간과 사회를 잘 이해해야 해요.

를 분석하는 심리학을 열심히 공부했고, 전문가 수준의 지식을 갖고 있답니다.

조지 소로스라는 투자가도 마찬가지예요. 소로스는 그의 한 마디 한 마디가 곧 바로 뉴스가 될 정도로 대단한 투자가인데, 그의 꿈은 투자가가 아니라 철학자였어요. 의외라고요? 소로스는 평생 철학을 공부했고, 철학 책을 직접 쓰기도 했답니다.

3. 지식과 통찰은 어디에서?

▶다양한 분야를 끊임없이 공부하세요

버핏은 주식 투자를 어려서부터 시작했지만 하루도 쉬지 않고 공부했어요. 끊임없이 공부하지 않으면 주식 투자로 성공하기 쉽지 않다는 걸 너무 잘 알고 있었기 때문이에요.

그럼 이제 정리해볼까요? 맞아요, 주식 투자로 돈을 벌려면 공부를 통해서 지식을 쌓고 세상을 이해하려고 노력해야 해요. 성공한 투자가는 대부분 다양한 분야를 끊임없이 공부했답니다. 황금 동굴로 가는 길에는 반드시 '지식과 통찰'이 함께해야 하지요. 앞서 성공한 뛰어난 투자가들의 삶이 이 사실을 잘 보여주고 있어요.

이제 나도 투자가! 주식을 공부하고 싶다면?

이제 한번 주식을 공부해보고 싶다면, 주요 기관에서 실시하는 금융 교육 프로그램을 듣는 걸 추천해요. 우리나라의 금융 정책을 담당하는 금융감독원, 증권 관련 단체인 금융투자협회의 전국투자자교육협의회, 한국예탁결제원, KRX증권 거래소 등에서 교육 프로그램을 진행하거든요. 신청만 하면 무료로 교육을 받을 수 있어요. 학교 단위로도 신청을 받으니까 학교에서 교육을 받을 수도 있지요.

증권사나 은행 같은 금융 회사가 만든 교육 프로그램도 있어요. 금융 회사는 주로 자신의 고객을 대상으로 교육해요. 여러분도 본인 이름으로 된 투자 통장을 만들면, 금융 회사의 교육 프로그램에 신청할 수 있어요. 어때요, 생각보다 쉽죠? 물론 모든 회사가

워런 버핏, 부는 나눠야 행복해져

교육 프로그램을 운영하는 건 아니에요. 그러니 가입하기 전에 반드시 교육 프로그램이 있는지 확인하기!

교육 프로그램에 신청만 하세요, 무료랍니다

● 한국예탁결제원 museum.ksd.or.kr

증권박물관에서 '모아모아 경제교육'을 진행하고 있어요. 한 달 전부터 홈페이지에서 선착순으로 예약을 받아요. 저축이나 투자 같은 다양한 활동을 경험하고, 신문을 활용해서 교육하지요. 주식과 관련된 직업을 탐구하는 시간도 있답니다. 모둠별로 투자를 직접 해보니까 더 흥미로워요.

● 전국투자자교육협의회 www.kcie.or.kr

투자 전문가가 교육하는 프로그램이 있어요. 신청만 하면 학교로 방문하기도 한답니다. 투자가 왜 필요한지 알려주고 구체적으로 투자 방법을 교육해요. 기업과 주식회사, 주식을 쉽게 이해하게 해주지요. 펀드와 파생 금융 상품에 대해서도 배운답니다.

워런 버핏처럼 투자가를 꿈꾼다면

●금융감독원 금융교육센터 edu.fss.or.kr

'라이프 사이클과 재무설계' '금융시장의 이해' 같은 강의가 준비
돼 있어요. 현장 체험도 가능하다는 게 장점이에요. 한국거래소,
금융투자체험관에서 더 많은 걸 배울 수 있답니다. 기초 투자자
보드게임도 빼놓을 수 없는 재미죠.

●KRX 국민행복재단 www.krxfoundation.or.kr

현장 경험이 풍부한 전문 강사들이 교육하고 있어요. 투자가가
되고 싶은 사람을 위해 투자 이론을 바탕으로 진로 탐색을 해준답
니다. 체계적이고 전문적인 금융 워크숍도 진행해요.

이 책을 추천합니다

그의 삶은 살아 있는 금융 교육

최근 자녀의 금융 교육에 관심을 가진 부모가 많아졌습니다. 금융 교육은 단순히 금융 지식을 쌓는 것이 아니라, 성인이 되었을 때 경제적으로 독립된 삶을 살도록 하는 것이지요. 워런 버핏은 어려서부터 생각의 독립과 경제적 독립, 이 두 가지 모두를 추구해왔습니다. 어느 하나만 있으면 절름발이가 되니까요. 경제적으로 커다란 성취를 이룬 뒤에는 투자가에서 기부가로 삶의 영역을 넓혔습니다. 그가 살아온 과정은 금융 교육 그 자체입니다. 한 사람의 부富가 사회적으로 어떻게 쓰여야 하는지 보여주는 훌륭한 교과서입니다.

강창희 _미래와금융 연구포럼 대표 · 전 미래에셋 투자그룹 부회장

'한국의 워런 버핏'이 탄생하길 바라며

저는 어린 시절 위인전을 즐겨 봤습니다. 철강왕 카네기, 자동차왕 포드는 저의 영웅이었지요. 그렇게 기업가를 꿈꾸던 아이는 대학에 입학해 투자가로 진로를 바꿨답니다. 워런 버핏이란 인물을 책으로 접하면서 그가 새로운 영웅이 되었기 때문입니다. 그의 행적을 연구하고 흉내 낸 지 17년, 이제 저는 한국에서 손꼽히는 투자가가 되었습니다. 워런 버핏을 알게 된 건 제 인생 최고의 행운이었습니다.

스무 살에 워런 버핏을 만난 일을 행운이라 부른다면, 더 이른 청소년기에 그를 만날 수 있다는 사실은 더 큰 축복이라 할 것입니다. 이 책은 청소년의 눈높이에서 워런 버핏의 업적과 인생을 빠짐없이 담아내어, 세계 최고의 투자가로서 그리고 통 큰 자선 사업가로서 그의 위대함을 알기에 부족함이 없습니다.

하지만 이 책을 읽으면서 단지 그가 투자를 잘해 돈을 많이 벌었다는 점에만 주목하지 않았으면 합니다. 좋아하는 일에 대한 집중력, 정직을 최우선으로 하는 도덕성, 검소하고 소박한 삶의 태도, 꾸준한 독서 습관 등 성공적인 인생을 산 비결에서 배울 점이 더 많기 때문입니다. 그가 단순한 부자가 아니라, 존경받는 위인이 된 이유이기도 합니다.

저의 꿈은 한국의 워런 버핏이 되는 것입니다. 이 책을 읽는 많은 청소년도 저와 같은 꿈을 꾸길 소망합니다. 사람들의 존경을 받는 투자가가 많은 금융 강국 대한민국. 상상만 해도 가슴이 벅차오릅니다. 우리 함께 만들어봅시다.

최준철 _VIP투자자문 대표